인생고전요약.zip

1판 1쇄 2022년 11월 1일

저 자 Team. StoryG
펴낸곳 OLD STAIRS
출판 등록 2008년 1월 10일 제313-2010-284호
이 메 일 oldstairs@daum.net

가격은 뒷면 표지 참조
ISBN 979-11-91156-68-3

이 책의 전부 또는 일부를 재사용하려면 반드시 OLD STAIRS의 동의를 받아야 합니다.
잘못 만들어진 책은 구매하신 서점에서 교환하여 드립니다.

공통안전기준 표시사항

- **품명** : 도서
- **재질** : 지류
- **제조자명** : Oldstairs
- **제조국명** : 대한민국
- **제조연월** : 2022년 11월
- **주소** : 서울특별시 마포구 양화로12길 24, 4층
- **KC인증유형** : 공급자적합성확인

KC마크는 이 제품이 공통안전기준에 적합하였음을 의미합니다.
책 모서리에 찍히거나 책장에 베이지 않게 조심하세요.

도스토옙스키의 '죄와 벌' 외 다섯 작품

인생 고전요약.zip

《톰 소여의 모험》을 쓴 미국 문학의 아버지, '마크 트웨인'은 말했다.

고전이란 누구나 읽어야 한다고 생각하지만,
누구도 읽고 싶어 하지 않는 책이다.

방대한 분량과 고리타분한 내용, 이해하기 어려운 번역체는 우리를 고전으로부터 한 걸음 멀어지게 만든다. 고전의 중요성은 귀에 딱지가 앉도록 들어왔기에 한두 권쯤은 사두었지만, 왠지 모르게 읽기가 망설여져 책장 높은 곳에서 먼지만 쌓인 채 방치되고 마는 것이다. 게다가 우리는 미디어 대홍수 시대에 살아가고 있다. 쉽고, 짧고, 자극적이며 재미있는 것들이 넘쳐나는 이때, '굳이' 고전을 읽겠다며 뛰어들 사람이 과연 몇 명이나 될까.

그럼에도 불구하고 고전은 여전히 '고전'이라 불린다. 현대인들이 몇 날 며칠 밤을 새워가며 끙끙 앓고 있는 고민에 대한 깊고 넓은 사유가 짧게는 몇십 년, 길게는 몇백 년 전에 쓰인 그 책 속에도 담겨있기 때문이다. 고전은 우리에게 '해답'을 제시해주지 않는다. 대신 '생각하는 방식'을 일깨워준다. 하나의 거울이 되어 내면을 들여다보게 만들며, 내가 처한 상황과 사건을 제3의 시선에서 바라보게끔 돕는다. 이것이 바로 고전을 '오래된 미래' 혹은 '지혜의 매트릭스'라고 칭하는 이유다.

> " 그렇다면 '누구도 읽고 싶어 하지 않는' 고전을
> 어떻게 해야 '누구라도 읽고 싶게' 만들 수 있을까? "

이 책은 바로 그 질문에서 출발했다. 오늘날, 인간의 의식은 '이미지'로 빚어졌다고 해도 과언이 아니다. 대부분의 정보전달 매체가 텍스트에서 이미지와 사운드로 이동했으며, 디지털이라는 말이 낡게 느껴질 정도로 디지털이 가득 찬 시대가 된 것이다.

《인생 고전 요약.zip》은 이러한 시대적 흐름에 발맞춰 '그래픽 노블' 형식을 차용했다. 영화처럼 이미지가 이야기를 이끌어가는 새로운 고전 감상 방법을 활용해 여섯 편의 고전 문학을 더욱 흥미롭고 이해하기 쉽게 만들었다. 더불어 장황하고 어려운 문장 대신 간결하고 쉬운 서술을 사용하여 연령대와 상관없이 '고전 본연의 의미'를 탐색할 수 있도록 구성했다. 애니메이션과도 같은 여섯 편의 작품을 통해 고전을 향한 심리적 장벽을 훌쩍 뛰어넘어, 자기 삶을 성찰해볼 수 있기를 희망한다.

Team. StoryG

베니스의 상인
윌리엄 셰익스피어
8

햄릿
윌리엄 셰익스피어
52

위대한 개츠비
F. 스콧 피츠제럴드
94

죄와 벌
표도르 도스토옙스키
156

1984
조지 오웰
216

동물농장
조지 오웰
258

The Merchant of Venice

01

William Shakespeare

힙합 음악에 자주 쓰이는 가사인 'Swag(스웨그)'. 이 단어는 힙합이 탄생하기 훨씬 이전인 1956년에 처음 등장했다. 윌리엄 셰익스피어의 희곡《한여름 밤의 꿈》에서 '옷차림은 초라하지만 자신감 넘치는 행동'을 가리켜 'Swagger(스웨거)'라고 표현하여 만들어진 신조어인 까닭이다. 그렇다면 셰익스피어는 왜 이러한 신조어를 만들어 냈을까?

셰익스피어는 '말장난'을 좋아했다. 그는 래퍼들이 랩 가사를 쓰듯, 발음이 비슷한 단어나 동음이의어를 사용하여 재치 있는 대사를 만들어 냈다. 신조어는 자신의 연극을 재미있고 풍부하게 만들기 위한 그의 수단 중 하나였다.

#말장난의 신

윌리엄 셰익스피어

1564.04.23. - 1616.04.23.

그는 20년간 1,700여 개의 신조어를 만들어 냈으며, 《햄릿》에서만 무려 600여 개의 새로운 단어를 등장시켰다. 우리가 흔히 알고 있는 'Gloomy(우울한)'나 'Lonely(외로운)' 같은 단어뿐만 아니라, 'Love is blind(눈 먼 사랑)', 'Sweet sorrow(달콤한 슬픔)' 같은 관용적 표현 역시 셰익스피어의 손에서 탄생했다.

셰익스피어는 연극 도중에도 관객들의 반응을 살펴가며 즉석에서 대사를 고치거나 설정을 바꾸기도 했다. 이러한 유연성과 기발하면서도 이중적인 표현은 '영어'를 풍부한 언어로 탈바꿈시켰고, 덕분에 단순 상거래에서나 사용되던 영어가 중요한 문화어로 자리잡을 수 있었다.

여기, 세 개의 상자가 있어.

이 안에는 초상화 한 점이 들어 있지.
바로 부와 미모, 지혜를 모두 갖춘 여인 포셔.
그녀와 결혼하기 위해서는 이 초상화가 든 상자를 뽑아야만 해.

왜 남편감을 제비뽑기로 고르게 된 거냐고?
포셔의 아버지가 유언을 남겼거든.

자신의 딸이 지혜로운 사람과 결혼하기를 바랐으니까.
제비뽑기를 통해 구혼자들의 지혜로움을 시험하고 싶었던 거야.
공식적으로 포셔의 남편감을 뽑는다는 소식이 알려지자
많은 사람들이 몰려들었어.

포셔에게 청혼할 경우
평생 다른 여인에게 청혼하지 않겠다는
무시무시한 맹세가 기다리고 있음에도,
포셔의 재력과 미모에
홀려 호기롭게 도전했지.

첫 번째 도전자는 모로코 국왕.

모로코 국왕
얼굴 색이 까맣다고 싫어하진 말아 주세요.
저는 태양의 품에서 자란 사람이고,
이 피부색은 태양이 입혀 준
옷이나 다름없으니까요.

뜨거운 태양 아래에서 자라 피부가 검은 사람이었지.
그는 상자 앞에 적힌 문구들을 찬찬히 살펴봤어.
그리고는 망설임 없이 금 상자를 택했어.
상자를 열어 본 그의 표정은
피부색보다도 훨씬 더 어둡게 변해 갔어.
초상화 대신 경고의 메시지가 적힌
쪽지가 들어 있었거든.

빛나는 것이
다 금은 아닙니다.
겉모습에 홀려 목숨을
잃은 사람도 여럿이죠.
황금 무덤에는
구더기가
우글거리는 법!

그렇게 모로코 왕자는 떠나갔어.
포셔는 속으로 내심 잘 되었다 생각했지.
그의 검은 피부가 마음에 들지 않았으니까.

" 쉽게 떼어 버렸네. 얼굴이 악마처럼 까맣더라도
심성이 성자처럼 하얘서 내 고해 신부나 되어 주면 모를까,
나를 아내 삼으려는 생각 따윈 버리시지! "

두 번째 도전자는 아라곤의 군주.
그는 허풍이 심하고 말이 많았어.

아라곤의 군주
저는 당신을 위해 아주 위험한 맹세를 하고
이 자리에 섰어요. 저만큼 당신을 사랑할 수 있고,
또 희생할 수 있는 사람은 없습니다!

그는 한참을 고민한 끝에 은 상자를 골랐어.
하지만 이번에도 초상화 대신
쪽지 한 장이 들어 있었지.

이 은상자는
일곱 번을 담금질해서
만들어진 것입니다.
당신도 최소한
일곱 번은 고민해서
판단했으면 좋을 텐데.
당장 떠나세요. 당신이
할 수 있는 일은 없습니다.

아라곤 군주는 잔뜩 실망했지만
포셔는 이번에도 다행이라고 생각했어.

" 아, 이런 생각만 많은 바보들 같으니라고!
다들 제 꾀에 제가 넘어가버리잖아? "

제 꾀에 넘어가버리는 바보와는 결혼하기 싫었거든.

그 뒤로도 몇 사람이나 더 찾아왔지만 번번이 실패하고 말았어.
포셔는 하녀인 네리서에게 불평불만을 늘어놓았지.
하나 같이 마음에 들지 않는 사람들뿐이었으니까.
차라리 순결한 처녀로 죽는 게 낫겠다, 싶을 정도로.

나폴리 공작

망아지나 다름 없음.
기껏 한다는 게 말 얘기뿐임.

팔레타인 백작

종일 우거지상이라 싫음.
재밌는 얘길 해줘도 안 웃음.

프랑스 르봉 경

자기 그림자하고도 싸울 인간.
남편 스무 명은 둔 것 같은 기분일 듯.

영국 팔콘브릿지 경

라틴어, 프랑스어, 이태리어
아무것도 모름. 말이 안 통함.

스코틀랜드 귀족

영국인한테 뺨 맞더니 반대쪽
뺨을 내밈. 제정신이 아닌 것 같음.

독일 청년

짐승 이상, 인간 이하.

포셔의 하소연을 듣던 네리서는 문득 한 사람을 떠올렸어.
오래 전, 포셔가 살고 있는 벨몬트에 청년 하나가 찾아왔었거든.
네리서는 그 잘생긴 베니스 청년이야말로 포셔의 짝이라고 생각했어.
네리서의 말을 들은 포셔도 처음으로 고개를 끄덕였지.
'바사니오'라면 괜찮을 것도 같다고.

그 시각, 베니스. 항구에 앉아 있던 바사니오 역시 포셔를 생각 중이었어.
어떻게 하면 벨몬트에 가서 제비뽑기를 할 수 있을지 궁리 중이었지.
포셔에게 첫눈에 반한 거냐고? 아니라고는 할 수 없지만,
그보다 더 큰 이유가 있었어.

귀족이었던 그는 얼마 전, 사치로 인해 전 재산을 탕진하고 말았어.
게다가 빚더미에까지 나앉았지. 그러니 재력을 갖춘 포셔와의 결혼이 절실해진 거야.
하지만 벨몬트로 떠날 자금이 없어서 고민 중이었던 거고.

이 고난을 해결하기 위해서는 미모와 재력을
모두 갖춘 포셔와 반드시 결혼해야만 해…!
그런데… 벨몬트까지는 무슨 수로 간담?
당장 끼니 해결할 돈도 없는데…
…아! 안토니오한테 한 번 부탁해볼까?

벨몬트에 가야될 일이 생겼는데
내가 돈이 한 푼도 없어... 좀 빌려줄 수 있을까?

마음이야 굴뚝 같은데 내 배들이
전부 바다에 나가 있어서...

...그냥 빌려주기 싫으면 싫다고 해.

섭섭하게 무슨 소리야.
우리 우정이 얼마나 두터운데.
당장 가진 현금은 없지만
대신 내 신용을 빌려줄게.

신용을?

그래. 알잖아,
베니스에서 내 신용이 얼마나 높은지.
샤일록한테 가서 돈을 좀 빌려 달라고 해 보자.

그 사람은
이자를 워낙 많이 떼어 가서
조금 꺼려지긴 하지만 어쩔 수 없지...
그래, 알겠어.

바사니오는 친구인 안토니오에게 고민을 털어놓았어.
당장 벨몬트에 가서 구혼을 하고 싶은데 돈이 한 푼도 없다고 말이야.
그 이야기를 들은 안토니오는 자신의 전 재산을 실은 배가
모두 바다에 나가 있었음에도 불구하고, 자신의 신용을 빌려주겠다고 말했어.

베니스에서 이름 난 고리대금업자에게 돈을 빌려 보자고 말이야.

그렇게 두 사람은 '샤일록'의 사무실로 향했어.
안토니오의 얼굴을 본 샤일록은 미간을 찌푸렸지.
기독교인이었던 안토니오가 유대인인 자신을 모욕하고, 괴롭혀왔거든.
그래 놓고 이제와 돈을 빌리겠다니. 샤일록은 어처구니가 없었지.
샤일록은 이 기회에 안토니오의 코를 납작하게 눌러 주고 싶었어.

그래서 차용증에 빌린 돈을 갚지 못하면
심장에서 가장 가까운 살 1파운드를 베어 간다는 조건을 달았어.
안토니오는 흔쾌히 사인을 했지만, 바사니오는 찜찜한 기분을 지울 수가 없었어.
하지만 당장 결혼 자금이 필요했기에 안토니오가 건네는 돈을 받아들었지.

집으로 돌아온 샤일록은 기분이 좋지 않았어.
전날 밤, 불길한 꿈을 꾸었거든. 바로 돈주머니가 나오는 꿈.
꿈에서 돈주머니가 보였다 하면 그에게는 꼭 안 좋은 일이 생겼으니까.
얄미운 안토니오 녀석이 찾아온 것도 바로 그 꿈 때문인 것 같았고.

궁시렁대며 집안으로 들어서는데, 하인이 뛰쳐나왔어.
그러더니 오늘 밤 기독교인들의 가장무도회가 열릴 것이라고 말을 전했지.
샤일록은 곧장 딸의 방으로 향해 잔소리를 늘어놓기 시작했어.
예수쟁이들의 노랫소리는 절대 듣지 말라고 말이야.

뭐? 가장무도회?
제시카! 당장 문을 걸어 잠가!

북소리가 나든, 목을 비비꼬든,
망측한 피리소리가 나든!
절대 거리를 구경해서는 안 돼. 알겠니?
창문에 기어오르거나
목을 내미는 것도 금지야!

예수쟁이들의 광대 같은 상판대기는
들여다보지도 마. 알겠어? 우리 집안에 있는
귀란 귀는 모조리 틀어막으라고!

제시카는 그런 아버지가 이해되지 않았어.
최근 기독교인인 '로렌조'와 사랑에 빠져 몰래 개종까지 마친 뒤였거든.
돈밖에 모르는 아버지 곁을 벗어나 자유롭게 살고 싶었던 거야.
그래서 오늘 밤, 아버지가 집을 비우면 그와 함께 도망칠 작정이었지.

샤일록이 만찬에 참여하기 위해 집을 나선 사이,
제시카는 집안을 뒤지기 시작했어.

금고에서 샤일록의
돈과 보석을 훔치고,
횃불잡이로 변장했지.

아버지의 자식이지만...
뜻에 따르고 싶지는 않아.

그리고는 로렌조와 함께
항구로 향했어.

그곳에는 로렌조의 친구였던
그라시아노가 기다리고 있었거든.
그들은 그라시아노의 도움을 받아
배 위에 올라탔고, 최대한 먼 곳으로 도망쳤지.

두 사람을 무사히 배에 태운 그라시아노는 항구를 어슬렁거렸어. 그러다 우연히 발견하게 된 거야.
바사니오가 때마침 불어오는 순풍을 타고 벨몬트로 떠나려는 장면을.

그라시아노는 기회를 놓치지 않고 배에 올라탔어. 그리고는 함께 벨몬트로 가게 해 달라고 부탁했지.
평소 그의 거친 언행을 알고 있던 바사니오는 거절했지만, 거듭 부탁해오자 별 수 없이 승낙했어.

그라시아노 바사니오! 벨몬트까지 나랑 같이 가자.

바사니오 뭐? 안 돼. 너는 너무 난폭하잖아. 말하는 것도 직설적이고.
그러다 나한테까지 불똥이 튀면 어떡해?

그라시아노 절대 안 그럴게. 예의범절학과를 나온 것처럼
가만히 있을 테니까 한 번만 믿어 주라!

바사니오 ... 알겠어, 두고 볼게.
허튼 소리면 다신 안 믿을 줄 알아.

그렇게 벨몬트에 도착한 두 사람은 포셔와 네리서의 환대를 받으며 대저택 안으로 들어섰어.
마음이 조급했던 바사니오는 한시라도 빨리 제비뽑기를 하고 싶어 했지.
하지만 포셔는 어떻게든 만류하고 싶었어. 그러다 틀린 상자를 뽑기라도 하면 낭패였으니까.

마음을 졸이던 포셔는 한 가지 지혜를 발휘했어.
노래를 불러서 바사니오에게 힌트를 주기로 한 거야.

납(lead)의 끝 글자인 d가 들어가는
가사로 이루어진 노래 말이야!

Tell me where is fancy bred
말해 다오, 환상적 사랑이 자라는 곳을

or in the heart or in the head?
가슴 속인가? 아니면 머리속인가?

그때, 함께 배를 탔던 그라시아노가 다가왔어.
네리서의 손을 꼭 잡은 채로 말이야.
알고 봤더니, 네리서에게 첫눈에 반한 그라시아노가
네리서에게 한 가지 제안을 한 거야.
바사니오가 올바른 상자를 고르면 자신과 결혼해달라고.

그렇게 두 쌍의 커플이 동시에 혼인을 하게 됐지.

이 반지를 빼거나,
잃어버리거나,
남에게 주면,

사랑이 식었다는 증거로 여길 거예요.

아내들은 남편들의 손에 반지를 끼워 주었어.
그리고는 무슨 일이 있어도 절대 빼지 말라고 당부했어.
남편들은 당연하게도 그러겠노라고 약속했고.

사랑의 서약을 나누던 그때, 항구로 자그마한 선박 하나가 닿았어.
그곳에서 내린 사람은 다름 아닌 제시카와 로렌조.
샤일록의 돈과 보석을 훔친 죄로 도망치다 무사히 벨몬트로 오게 된 거야.
반갑게 인사를 나누던 그때, 한 사람이 더 다가왔어.
바로 베니스에서 바사니오, 안토니오와 함께 알고 지내던 친구 중 하나였지.
그 친구는 주머니를 뒤적이더니 편지 한 장을 꺼내 바사니오에게 건넸어.

TO. 바사니오

안녕, 바사니오. 나 안토니오야. 벨몬트에는 무사히 도착했어?
그렇게 원하던 아름다운 여인과는 만났는지 모르겠네.
이왕이면 제비뽑기도 잘해서 혼인까지 마쳤다면 좋겠는데.

내가 너에게 편지를 쓴 이유는 다름이 아니라…
곧 샤일록과 재판을 하게 될 것 같아.
돌아올 거라고 철썩같이 믿었던 배가 모두 난파되어 버렸거든.
샤일록을 설득해 보려고 찾아갔었는데 영 통하지를 않더라고.
제시카가 도망간 것 때문인지 이미 화가 단단히 난 상태였어.
하긴, 분풀이를 할 만한 상대가 필요했겠지.
그 악마 같은 유대인 자식.

아무튼 네가 정말 보고 싶다.
죽기 전에 한 번이라도 볼 수 있다면 참 좋을 텐데…
아직 우리 사이에 우정이 남아 있다면 찾아와 줘.
아니어도 어쩔 수 없고. 그럼 이만 줄일게.
이 편지는 그냥 기억 속에서 잊어 줘.

FROM. 안토니오

그건 안토니오가 보낸 편지였어.
바다에 나가 있던 배가 안타깝게도 난파되는 바람에
샤일록에게 빌린 돈을 갚지 못했다는 거야.
결국 재판이 열리게 되었고,
그 전에 얼굴을 한 번 보고 싶다는 내용이 적혀 있었지.

그 유대인에게
진 빚이 얼마라고요?

무려
삼천 두카트나 돼요.

안토니오의 편지를 읽은 바사니오는 죄책감에 휩싸였어.
자신 때문에 안토니오가 재판에 오르게 된 거나 다름없었으니까.
그런 바사니오를 지켜보던 포셔는 당차게 말했어.

돈이라면 얼마든 줄 테니
당장 가서 안토니오를 구해 오라고.

겨우 삼천... 육천의 두 배, 세 배,
아니 스무 배는 되는 돈이라도 드릴게요.
그러니까 얼른 안토니오를 구해서
데리고 돌아오세요.

포셔... 고마워요. 정말 고마워요.
최대한 빨리 다녀올게요, 우리 사이가 멀어지지 않도록..
가자, 그라시아노! 안토니오를 구하러!

공작과 바사니오의 만류에도 샤일록의 입장은 고집스럽기만 했어.
어떻게 해서든 차용증에 적힌 대로 안토니오의 살을 받아내고 말겠다는 거야.
그러자 그라시아노는 천박한 말투로 샤일록을 모욕했어.
잔인하고 탐욕스러운 유대인이라며 손가락질을 했지.
샤일록은 큰소리를 쳐 봤자 달라질 건 없다며 맞받아쳤고.

말 같지도 않은 소리하지 마, 이 인정머리 없는 놈아.
사람은 자기가 싫다고 모조리 잡아 죽여야
직성이 풀리는 존재가 아니라고!
원금의 두 배인 6천 두카트를 줄게.
그러니까 내 친구를 이만 풀어 줘.

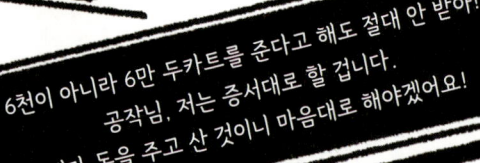

6천이 아니라 6만 두카트를 준다고 해도 절대 안 받아!
공작님, 저는 증서대로 할 겁니다.
제가 돈을 주고 산 것이니 마음대로 해야겠어요!

이 천벌을 받고도 남을 개자식아.
사람을 물어 죽인 늑대가
네 놈 몸 안에 들어 있는 게 틀림없어!
그렇지 않고서야 욕심이 살에 굶주린 늑대처럼
잔인하고 탐욕스러울 리가 없지!

큰소리 친다고 이 증서의 날인이 지워지나.
괜히 소리 질러대서 당신의 허파에 상처만 내는 거지.
젊은이, 정신 바짝 차려! 그 재주론 뛰어 봤자 벼룩이니까.

그렇게 장내가 소란스러워질 무렵, 누군가가 보낸 서신이 도착했어.
재판에 참석하기로 했던 박사가 갑작스레 병이 나서
젊은 법관과 서기를 대신 보냈다는 내용이 적혀 있었지.

젊은 법관은 상황을 살펴보더니 샤일록의 주장이 정당하다고 발표했어.
자신의 뜻대로 되었다는 생각에 샤일록은 젊은 법관을 위대한 판사라고 칭했어.

샤일록
판사님, 정말 훌륭하십니다! 바로 저 가슴팍에 있는 살 한 덩어리예요.
정확히 말하자면 심장에서 가장 가까운 곳이죠. 증서에도 그렇게 적혀 있고요.

젊은 법관
물론 그렇기는 하지만...
원금의 세 배를 받고 자비를 베푸는 건 어떠세요?

샤일록
판사님께서는 법률의 대들보시니까 제발 법대로 판결해 주세요.
제 결심은 변하지 않습니다. 이 증서에 적힌 대로 하고 싶어요.

반면, 그라시아노와 안토니오
그리고 바사니오의 얼굴은 급격히 어두워졌지.
젊은 법관의 등장으로 자신들의 기세가 보기 좋게 꺾였으니까.

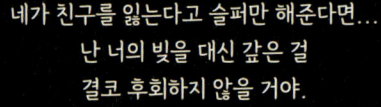

젊은 법관은 안토니오에게 가슴을 열고 칼을 받을 준비를 하라고 명했어.
법관의 명이 떨어지자 안토니오와 바사니오는 감상에 젖어 들었어.
서로의 손을 마주잡고, 누구보다 네가 가장 소중하다며 청승을 떨었지.
젊은 법관과 서기는 그 모습을 아니꼽게 바라보았어.
그 말을 부인들이 들었다면 좋아하지 않았을 거라며 일침까지 놓았고.

젊은 법관
참나... 만일 당신 부인이 옆에서 그 말을 들었다면
달갑게 생각하지 않았을 것 같네요.

젊은 서기
맞아요. 분명 집안에 큰 불화가 생겼을걸요?

법관과 서기의 말에도 꼭 붙어 있던 두 사람은 집행관들에 의해 겨우 분리되었어.
집행관들이 안토니오의 가슴팍을 열어젖히고는 칼로 도려낼 곳을 손가락으로 찔러 보았지.

그 장면을 지켜보고 있던 샤일록은 환희로 가득 찼어.
드디어 자신을 무시하고 경멸하던 안토니오에게 본때를 보여 줄 수 있는 순간이었으니까.

집행관들이 날카로운 칼을 높이 치켜든
바로 그 순간!

잠깐!

젊은 법관이 행을 정지시켰어.

법정 안은 쥐죽은 듯이 조용해졌고,
집행관과 안토니오 그리고
지켜보던 관중들마저 모두 얼어붙었지.

모두의 시선이 집중되자 젊은 법관은 입을 열었어.

증서에 적혀있는 건 살 1파운드이므로
피는 단 한 방울도 흘려서는 안 된다고 말이야.
젊은 법관의 말에 장내에서는 희비가 엇갈렸어.
샤일록은 말도 안 된다며 억울함을 호소했고,
그라시아노는 꼴좋다며 비웃었지.

하지만 젊은 법관의 말을 뒤엎을 수는 없었어.
샤일록 역시 '차용증에 적혀 있는 그대로' 하고 싶다고 주장해 왔거든.
피를 흘리지 않고 살을 떼어 갈 방법 같은 건 존재하지 않았고.

샤일록
... 말도 안 돼, 무슨 이런 법이 다 있어!
아까 그 제안을 받아들이겠습니다.
저 기독교도를 용서할 테니까
빌려간 돈의 세 배를 주세요.

안토니오
공명정대하신 판사님!
들었지? 이 유대인 놈아!
꼴좋다, 넌 이제 꼼짝도 못 하게 됐어!

자신의 실수를 깨달은 샤일록은
뒤늦게 안토니오를 용서하겠다고 말했어.
빌려준 돈의 세 배를 받는 대신
살을 떼어 가지 않겠다고 말이야.

하지만 때는 이미 늦었어.

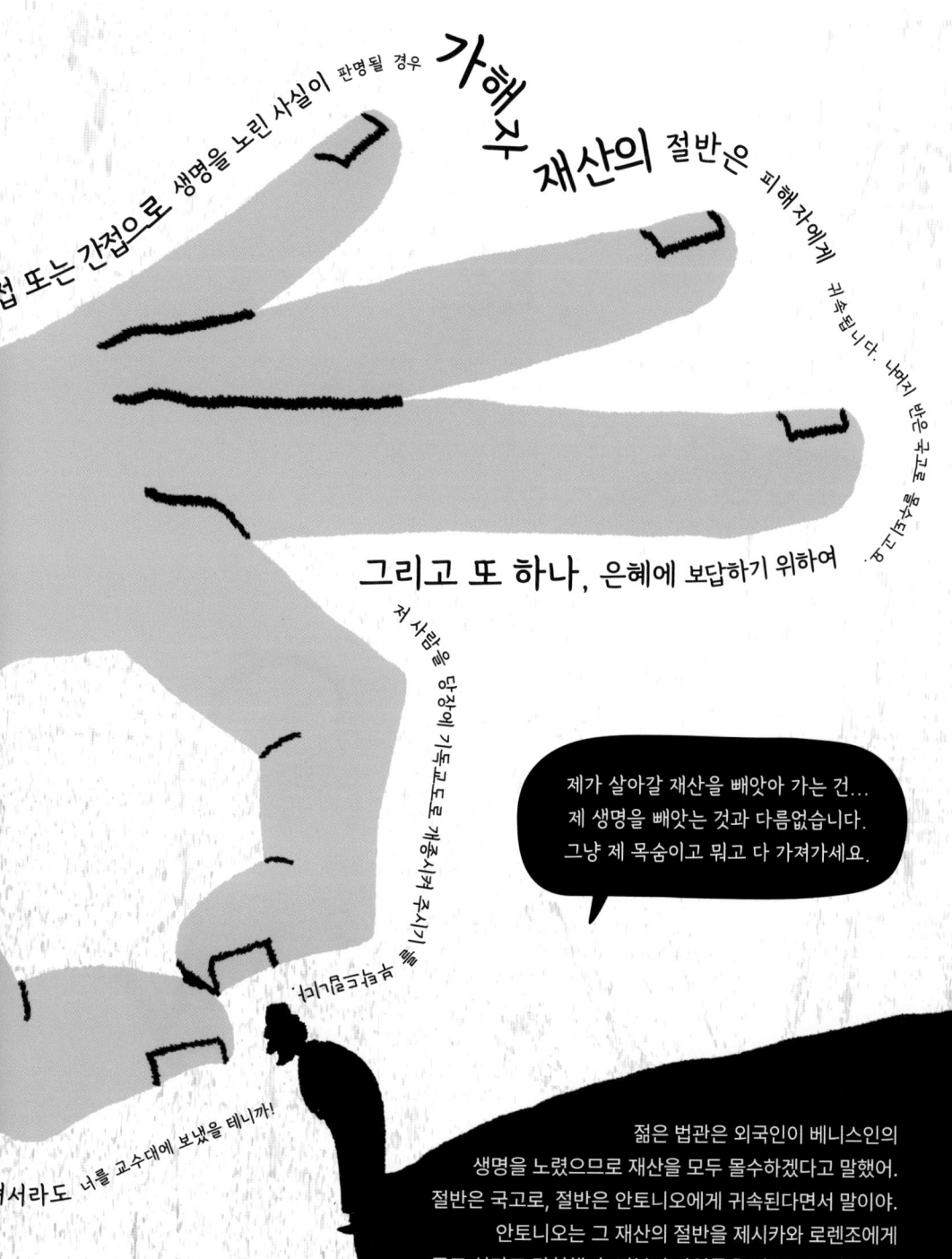

재판이 모두 끝난 뒤...

안토니오와 바사니오, 그라시아노는 젊은 법관과 서기를 찾아갔어.
고마움의 표시로 샤일록에게 갚으려던 돈을 주겠다고 말했지.
하지만 두 사람은 돈을 거절했어. 그 대신 우정의 징표로 손에 끼워진 반지를 달라는 거야.

바사니오
유대인에게 갚으려던 3천 두카트를
수고에 대한 보답으로 드리고자 하니
받아 주셨으면 합니다.

젊은 법관
금전적 보수를 바란 적은 없지만
정 그렇게 원하신다면 우정의 징표로
그 반지를 빼어 주십시오.

바사니오와 그라시아노는 섣불리 반지를 주겠다고 할 수 없었어.
두 사람이 없었다면 안토니오가 꼼짝없이 목숨을 잃었겠지만,
반지를 다른 누구에게도 넘기지 않겠다고
아내들과 약속한 바 있었으니 말이야.

친구와의 우정인지 아니면
사랑하는 사람과의 맹세인지.

두 사람은 그 자리에서 선택의 기로에 놓이고 만 거야.
젊은 법관과 서기는 고뇌하는 두 사람을 잠자코 바라보았어.
고민이 길어지는 듯하자 빈손으로 돌아가겠다고 말했어.
그러자 두 사람은 헐레벌떡 손가락에서 반지를 빼버렸어.
도움을 준 이들의 마음을 상하게 하고 싶지 않았거든.
결국 아내들과 했던 맹세를 깨 버리고 반지를 내준 거지.

그렇게 보답을 마친 바사니오와 그라시아노는
안토니오와 함께 다시 벨몬트로 돌아갔어.
하지만 포셔와 네리서의 반응은 냉랭하기만 했지.
자신들이 주었던 반지가 손가락에 끼워져 있지 않았으니까.

두 부부 사이에 불화가 생기자 안토니오는 안절부절못했어.
급기야 모든 책임은 자신들에게 있다며 친구들을 변호하기 시작했지.
그 모습을 보던 포셔와 네리서는 수상한 눈빛을 주고받았어.
그러더니 품속에서 반지를 꺼내 보이는 게 아니겠어?

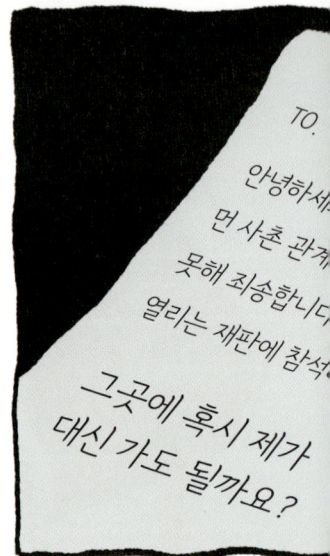

사실 젊은
법관과 서기는

"우리는 남편들이 집을 비운 사이에 잠시
수녀원에 들어가 있을 생각이야.
그분들이 돌아올 때까지
너희가 집을 대신 맡아 줬으면 해."

이런 장난
한 번쯤
해 보고 싶었어!

아가씨랑
남정네 노릇을
하게 되다니!

포셔와 네리서
였던 거야!

가자, 네리서.
남자들을 구하러.

포셔와 네리서가 변장을 하고는 몰래 베니스로 쫓아갔던 거지.
남자들을 구하기 위해서 말이야.
뒤늦게 진실을 알게 된 바사니오와 그라시아노는 안도의 한숨을 내쉬었어.
그런 두 사람을 보고 포셔와 네리서는 키득키득 웃었고.

하지만 안토니오의 표정은 여전히 어둡기만 했어.
뒤늦게 침몰해 버린 자신의 상선이 떠올랐거든.
그때, 포셔가 품속에서 또 다른 무언가를 꺼내 들었지.

바로 난파된 줄 알았던 안토니오의 상선들이
모두 돌아왔다는 소식이 담긴 편지!

그때, 안토니오도 좋은 소식이 있다며
제시카에게 무언가를 건네주었지.
재판이 끝난 후, 샤일록에게 받아낸 증서였어.

그 증서에는 재산의 절반을
제시카와 로렌조에게
상속하겠다고 쓰여 있었고.
세 부부는 각자의 기쁨으로
서로를 얼싸안았어.

그렇게 세 부부와 안토니오는
모두 저마다의 행복을 찾았어.
수평선 위로 아침 해가 떠오르자
모두들 짝을 지어 흩어졌지.
그동안 미뤄 둔 신혼 첫날밤을
치르기 위해서 말이야.

샤일록, 그는 빌런인가?

베니스의 상인 안토니오와 그의 친구들 대부분은 기독교인이다. 그리고 샤일록은 기독교 사회에 끼어 있는 유대인이다. 셰익스피어가 활동하던 당시 영국 사회에서는 **유대인에 대한 편견과 차별이 만연**했으며, 작품 내에서도 이러한 모습들이 대사로 드러나고 있다.

샤일록 : 유대인은 눈이 없소? 유대인은 손도 오장육부도 육신도 감각도 애정도 열정도 없소? 기독교인들과 똑같은 음식을 먹고, 똑같은 무기에 상처를 입고, 똑같은 병에 걸리고, 똑같은 수단으로 치료받고 똑같은 겨울과 여름으로 추워하고 더워하지 않소? 당신들이 우릴 찌르면, 우린 피 흘리지 않소? 당신들이 간질이면, 우린 웃지 않소? 당신들이 우릴 독살하면, 우린 죽지 않소? 그리고 당신들이 우리에게 해를 끼친다면, 우린 복수하지 않겠소? 우리가 나머지 것들에서 당신들과 같다면, 그 점에서도 같을 것이오.

안토니오 : 난 앞으로도 당신을 개라고 부를 거고, 계속 침을 뱉고, 발길질도 하겠소. 돈을 꿔 주더라도 행여 친구에게 빌려준 거라고는 생각 마오. 새끼도 치지 못하는 쇠붙이에서 이자를 받아먹으려는 자가 어디 있소? 차라리 원수한테 돈을 꿔 줬노라고 생각하시오. 그럼 계약을 어길 경우 떳떳이 위약금을 받아 낼 수 있잖소?

기독교가 유럽의 종교로 채택되면서 유대인은 '예수를 배신한' 배신자로 낙인 찍혔다. 그들은 땅 없는 불운한 민족으로, 기독교의 땅에서 박해받아 온 것이다. 특히 셰익스피어가 베니스의 상인을 집필할 당시에는 대부분의 유대인들이 영국에서 추방될 정도였다. 영국에 남으려는 소수의 유대인들은 모두 기독교로 개종해야만 했다.

유럽에서 유대인은 땅을 살 수 없었다. 아무도 그들에게는 땅을 팔지 않았기 때문이다. 그들은 동양의 상인들처럼 거래와 이동에 맞는 일에 종사할 수밖에 없었다. 또 언제, 어느 곳에서 죽을지 몰라 몸이 가벼워야 했다. 설 자리가 없는 유대인이 돈을 주무르는 일에 종사했던 것은 이러한 역사적 사실에 기인한다. 대부업 외에는 유대인이 맡을 수 있는 업종이 전혀 없었던 것이다. 따라서 샤일록을 무조건적인 빌런이라고 볼 수 없으며, 당시 **기독교 중심 사회에서 핍박 받으며 살아가던 유대인의 전형임**을 알 수 있다.

《베니스의 상인》에는 수많은 인물들이 등장한다. 주요 인물만 해도 무려 스무 명에 달하며 귀족부터 학자, 판사, 사채업자, 시종, 광대까지 직업도 매우 다양하다. 그중 제목에 걸맞은 직업을 가진 사람은 단 한 명, 무역으로 떼돈을 번 상인 '안토니오'뿐이다. 그렇다면 안토니오가 이 이야기의 진정한 주인공인 걸까?

진짜 '베니스의 상인' 은 누구인가?

베니스는 경제로 움직이는 상업도시이다. 이러한 경제는 무역을 통해 유지되는데, 이때 모든 것이 '계약'에 의해 체결되며 이는 신용과 밀접한 관련이 있다. 즉, 베니스와 법, 그리고 계약은 결코 떼어 놓을 수 없는 관계인 것이다.

이를 증명이라도 하듯 《베니스의 상인》에도 세 가지 계약이 등장한다. 첫째, 포셔의 아버지와 포셔 간의 결혼 계약. 둘째, 안토니오와 샤일록 사이의 금전 계약. 셋째, 포셔와 바사니오 사이의 반지 계약. 이 세 가지 계약은 '물질'을 매개로 각각 사랑, 복수, 부부 사이의 신뢰라는 '감정의 만족'을 목표한다. 그리고 모든 계약은 벨몬트의 아름다운 여인 '포셔'와 연관되어 있다.

여기서 포셔는 일반적으로 생각하는 예쁘기만 한 인물이 아니다. 사물의 본질을 꿰뚫어보는 혜안을 가졌으며 지혜와 용기를 아울러 갖춘 그녀는 베니스의 상인을 꿰뚫는 핵심 인물이다.

포셔는 자신의 빛나는 지성을 활용해 세 가지 계약을 모두 자신이 유리한 방향으로 이끌어 간다. 교묘한 힌트로 바사니오와의 혼인을 성사시키고, 반지를 이용해 그 사랑을 공고히 하는가 하면, 지혜로운 판결로 안토니오의 목숨을 구한다. 즉, 이 세 가지 계약에서 원하는 바를 모두 쟁취한 이는 '포셔', 단 한 사람뿐인 것이다.

따라서 베니스의 상인의 진정한 주인공은 상인인 안토니오도, 청혼을 한 바사니오도, 유대인인 샤일록도 아니다. 벨몬트의 아리따운 상속자, 포셔다.

Hamlet

02

William Shakespeare

#4대 비극

햄릿 / 오셀로 / 리어왕 / 맥베스

#5대 희극

말괄량이 길들이기 / 한여름 밤의 꿈 / 베니스의 상인 / 십이야 / 뜻대로 하세요

#책이 없는 작가

셰익스피어는 살아생전 단 한 권의 책도 출간하지 않았다. 아니, 출간하지 못했다. 소설이나 시와 달리 그가 쓴 '희곡'은 말 그대로 연극의 대본이다. 연극의 대본을 엮어 책으로 출간하게 되면 당연히 연극 공연을 보러 오는 관객의 수가 줄어들 수밖에 없다. 따라서 셰익스피어는 관객들이 극장으로 찾아오도록 해야 했고, 자신이 쓴 희곡 작품들을 책으로 출간할 수 없었다.

우리가 보고 있는 그의 작품들은 대부분 사후에 극장 동료나 친구들이 대본 내용을 정리하여 출간한 것으로, 셰익스피어의 손에서 마무리된 작품은 사실상 존재하지 않는다.

" 죽느냐, 사느냐,
그것이 문제로다."

이 말을 들으면 누구나 살겠다고 하겠지.
하지만, 그리 쉬이 선택할 수 있는 문제가 아니었어.
바로 나, '햄릿'에게는 말이야.

사람들은 이 대사만 기억할 뿐, 그 내막을 몰라.
허망할 따름이지.

덴마크의 왕자 햄릿이 왜 이런 독백을 내뱉었으며,
그 선택이 어떤 결과를 불러일으켰는지

.
.
.

지금부터 내가
자세히 알려 줄게.

그건 내가 유학을 멈추고 덴마크로 돌아왔을 때였어.
선왕이신 아버지의 부고를 듣고 돌아와 보니,
어머니께서 숙부 클로디우스와 결혼식을 올리고 계시더라.
아버지가 돌아가신 지 두 달도 채 되지 않았는데, 그것도 아버지의 동생과 말이야.

하고 싶은 말은 참 많았지만, 입을 꾹 닫고 참았어.
가슴이 터져나갈 것만 같았지.
그즈음이었나, 호레이쇼를 비롯한 내 친구들이 찾아와 기묘한 얘기를 들려줬던 게.

왕자님, 지난밤 그분을 뵌 것 같습니다.

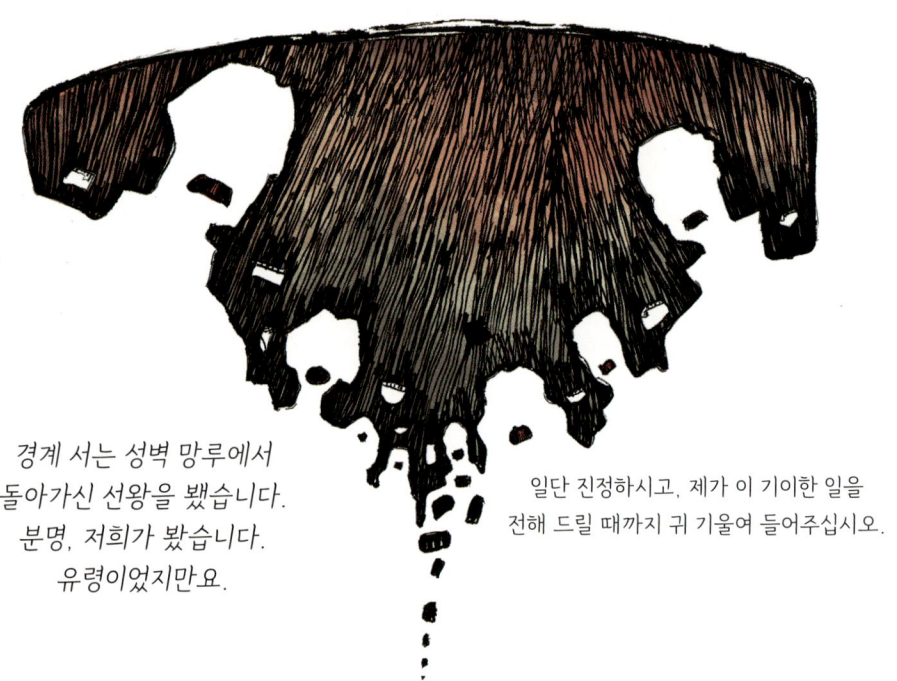

경계 서는 성벽 망루에서
돌아가신 선왕을 봤습니다.
분명, 저희가 봤습니다.
유령이었지만요.

일단 진정하시고, 제가 이 기이한 일을
전해 드릴 때까지 귀 기울여 들어주십시오.

호레이쇼의 말을 순순히 믿기는 힘들었지만,
그가 본 게 뭐든 아버지의 모습을 빌려
돌아다니는 꼴을 보고만 있을 순 없었어.

들거라, 잘 들거라.
듣고 나면 복수하지
않을 수 없으리라…

난 네 아비의 혼령이다.
네가 아비를 진정 사랑했다면,
이 흉악무도한 살인의
원수를 갚아다오.

자, 햄릿 들거라.
정원에서 자는데 독사가
날 물었다고 발표됐다.
하지만 이는 사실이 아니야.
덴마크 전체가 속고 있다.

날 죽인 건,
바로 네 삼촌이다.

정원에서 자고 있을 때
저주받을 네 삼촌이 독즙병을
내 귀에 쏟아부었다.

이 말이 진짜일까, 거짓일까.
믿어야 할까, 말아야 할까.

이 유령이 정말 아버지일까?

그런 고민도 했지만,
난 유령의 말을 믿기로 했어.
내게 어머니 거트루드는
최고로 악독한 여자였고,
숙부는 사람 좋은 척하는
괘씸한 악당이었으니까.

난 유령에게 복수하겠다 맹세하고
유령과 함께 친구들에게 돌아갔어.

돌아간 나는 친구들에게 두 가지 맹세를 받아냈어.
첫째, 오늘 밤 본 것을 누구에게도 말하지 말 것.
둘째, 오늘 이후 내 행동거지에 대해 모른 체할 것.

나는 앞으로 이상야릇하고
괴상한 짓거리를 보여 주며
미친 사람처럼 행동할 생각이었거든.

내가 아버지의 죽음에 관한 비밀을
알고 있다는 걸 숙부가 눈치채면,
아버지와 마찬가지로 나마저 숙부에게 살해당할 테니.

햄릿
효심이 있다면 복수를 하라…?
하늘에 맹세코 이뤄내리라…

나 역시, 맹세했다.

말은 그렇게 했어도, 나는 깊고 깊게 고뇌했어.
모든 건 한낱 유령이 뱉은 말에 지나지 않는다는
사실을 아주 잘 알고 있었지.

내 할 일은 알고 있다. 하지만 내가 본 유령은 악마인지도 몰라.
그리고 악마는 제 모습을 보기 좋게 위장할 힘이 있지.
또, 내 허약함과 우울증을 빌미삼아, 나를 속여 파멸시킬 수도 있어.
좀 더 설득력 있는 증거가 필요해.

복수란 눈을 뜨고 마주하는 것.
그것이 비수가 되어 나를 찌르나?
허나 눈을 감으면, 마음이 돌덩이가 되어 가라앉고 말아.

천국과 지옥으로부터 복수를 재촉받은 내가,
말로만 내 가슴을 비우고, 저주를 퍼붓기만 할 뿐...
간은 콩알만 하니 쓸개가 빠진 놈과 진배없네.
이 무슨 못난이란 말인가? 참으로 장하다.
역겹구나, 햄릿!

그러는 한편으로는 미친 척 행동하고 다니다 보니,
사람들은 내게 큰 관심을 쏟기 시작했어.
어머니와 숙부는 물론이고, 숙부의 수족들까지도.

무슨 일이라도 있었던 거야?
눈이 퀭한 걸 보니 잠을 잘 못 잤어?
어쩌다 이런 착란증에 걸린 거야?
이봐 햄릿. 나는 자네의 친구 아닌가.
내게만 말해봐.

아버지의 복수에 한 걸음, 한 걸음 다가갈수록,
내 마음은 점점 더 심란해졌어.
며칠만 있으면 연극이 시작되고 모든 게 확연해질 텐데도,
오히려 내 마음은 점점 거멓게 타들어 갔지.

죽느냐 사느냐...
그것이 문제로다...

어느 게 더 고귀할까?
무기를 들고 대항하여 싸우다가 끝장을 보는 것?
아니면, 난폭한 운명의 돌팔매와 화살을 맞고 견디는 것?

이 고통을 끝장내려다 도리어 내가 끝장날 수 있음을 안다.
허나, 고작 죽음이다. 죽는 건, 자는 것. 자는 건, 꿈꾸는 것.
잠 한 번에 이 모든 고통과 가슴앓이가 끝난다면,
그건 내가 간절히 바라야 할 결말이다.

그러다 내 사랑, 오필리아를 만났어.
여전히 아름답고, 우아했지. 그녀를 품을 수만 있다면,
내 평생을 다 바쳐도 좋다는 생각이 들 정도였으니...
하지만 이 마음을 내비칠 수는 없었어.
오히려 그녀에게 상처를 줘야만 했어.
그녀의 앞에서조차, 나는 미친놈이어야 했으니까.

햄릿   이제 더는 너를 사랑하지 않아.
수녀원이나 가버리는 게 어때?
네가 결혼을 하겠다면, 지참금으로 저주를 퍼부어 주지.

...내가 이 복수를 시작한 이상,
우리가 맺어지는 미래는 없겠지.

햄릿   그런데 당신 아버지는 어딨어?
집에 있나? 그렇다면 집의
문이란 문은 모조리 닫아걸어.
네 애비가 바보짓을 못 하게!

며칠 뒤, 유랑극단의 연극을 보는 날이 왔어.

나는 미리 호레이쇼에게 숙부를 잘 관찰해 달라고 부탁했지.
대사 한 번에 그의 숨은 죄가 드러날지 모르고,
죄가 드러나지 않는다면 내가 본 유령은
저주받은 거짓말쟁이 귀신에 불과할 테니 말이야.

막이 오르고 음악이 깔리면서 연극은 시작됐어.
시작은 무언극이었지. 사랑하는 두 남녀의 모습...
배우가 입을 열면, 숙부는 어떤 반응을 보일까...

아 사랑하는 나의 왕비여,
그대의 왕이 참 밉소.

아 나의 사랑하는 남자여,
어찌 그런 말씀 하시나요.

내가 그대의 왕을 죽여서라도
그대를 갖고 싶소.

무서운 소리를 하는군요.

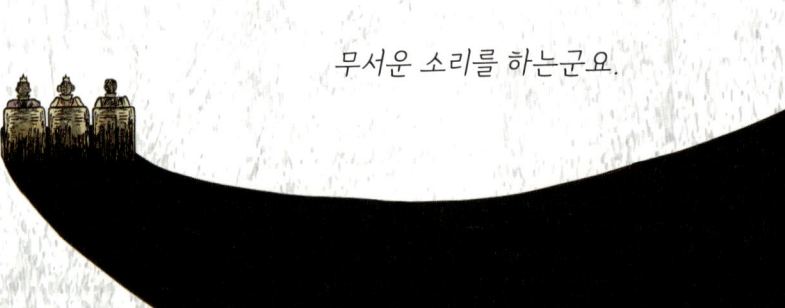

나는 도망친 숙부를 쫓아갔어.

숙부는 궁정에 홀로 남아 기도를 올리고 있었어.
역시나 숙부는 아버지를 죽인 범인이었어.
용서받을 수 없을 거라 고백하면서도
참회할 방법을 간구하고 있었지.

클로디우스

내 손에 형의 피가 겹겹이 묻어도, 그걸 깨끗이
씻어줄 만큼의 자비가 하늘에 있느냐 말이다…
난 내가 저지른 살인의 결과를, 왕관과 왕비와
내 야망을 아직도 뻔뻔히 누리고 있으니…
내가 용서받고 어찌 범죄의 혜택을 누리랴!
천사들이여, 나를 도우소서!

> 나는 숙부의 등 뒤에서 칼을 빼 들었어.
>
> 숙부를 죽일 수 있는 절호의 기회였으니까.
> 한 나라의 왕과 독대할 수 있는 자리가
> 살면서 몇 번이나 만들어지겠어?

> 지금이다. 지금뿐이야!
> 기도하느라 방심하고 있는
> 저 어벙한 목을 베야 해!

> 아니야... 아서라 칼아.
> 더 끔찍한 상황을 만나자.
> 지옥에 떨어질 수밖에 없는 그때!
> 심판하자...

하지만 숙부를 죽일 수는 없었지.

이때 내가 숙부를 죽이게 되면,
숙부는 천국에 가버릴 게 분명했거든.
아버질 죽인 놈을 천국으로
보내 버릴 수는 없잖아?
나는 다음을 기약하며
어머니가 기다리고 계신 곳으로
발길을 재촉했어.

숙부에 대한 살의를 간신히 참고 어머니께 돌아갔어.
어머니는 연극 일로 내게 화를 내셨지만, 내 성질만 긁는 꼴이었지.

남편을 죽인 남자와 하하, 호호 잘 지낸다니!
그런 여자가 이 세상에 어딨어!

> 햄릿! 천박하게 말하지 마라!
> 내가 누군지 잊었느냐?

잊을 리가 있나.
그녀는 왕비이자 자기 남편을 죽인 시동생의 부인이며
인정하기는 싫지만, 내 어머니 되시는 분인걸!

두 사람의 아름다운 약속에
오늘 참석한 모두가 증인이 되어
이 결혼이 진실하게 이루어졌음을 엄숙히 선언합니다.
클로디우스 & 거트루드

나는 어머니를 억지로 의자에 앉히곤,
어머니의 잘못을 하나하나 말해 주려고 했어.
하지만 어머니는 다르게 생각하셨는지, 내게 살려 달라 빌었지.
그때, 커튼 뒤에서 부스럭대는 소리가 들려왔어.

부스럭

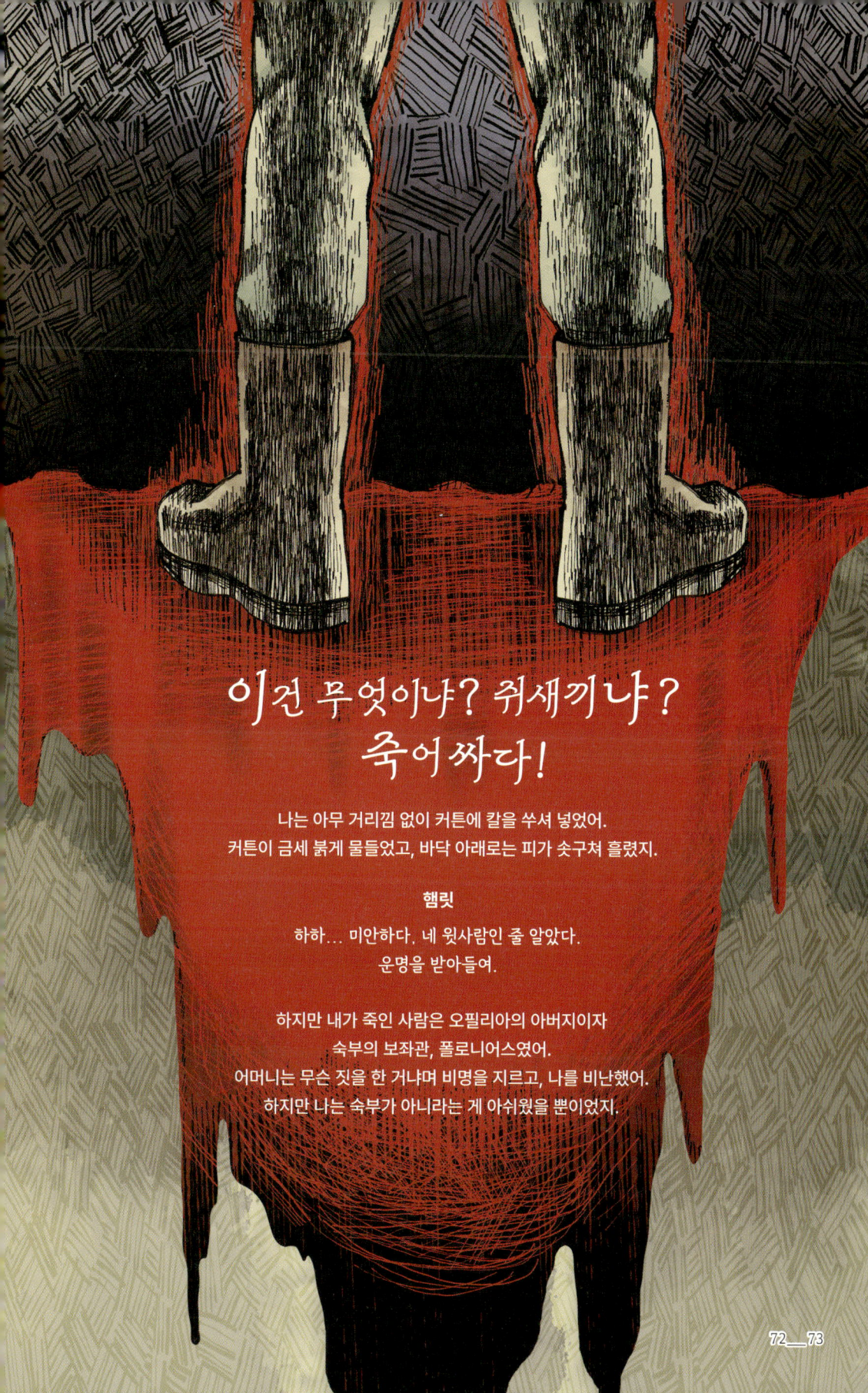

그때, 아버지가 나타나셨어.

나는 아버지를 환대하며 어머니께 아버지가 오셨다고 외쳤지만,
이상하게도 어머니는 아버지를 보지 못하셨어.
호레이쇼나 다른 친구들은 멀쩡히 아버지를 봤었는데 말이야.
너무 놀란 어머니는 내가 진실로 미친 게 맞다며 눈물을 보이셨어.

아버지는 침착하게
나를 꾸짖으셨지.

아들아, 진정해라.
나는 너를 만나 거의 무뎌진
네 결심을 바로잡으려 할 뿐이다.

헌데, 보거라. 네 어미가 크게 놀랐잖느냐.
그녀를 말려라. 어미에게 말 걸어
안심시키도록 해라.

나는 아버지의 말에 따라 어머니를 보살폈고,
숙부와 동침하지 말라는 충고를 해드렸어.

어머니가 크게 놀라신 것 같기에,
바닥에 누인 폴로니어스의 시체를 질질 끌며
어머니의 방 밖으로 나섰지.

아버지는 어떻게 내 결심이 무뎌진 줄 아시고,
왕궁에까지 발을 들이셨나 몰라.
이때까지는 성벽 초소나 망루에서만
모습을 보이셨으면서.

어머니가 보고 싶으셨던 걸까?
아무렴 숙부와 함께하지 말라고 단단히 일러뒀으니
아버지가 보시기엔 한결 마음이 편하실 테지.

그 일이 있고 햄릿이 미쳤다는 소문은 공공연한 사실이 됐어.

클로디우스 햄릿을 영국으로 보내야겠어.

숙부는 그런 나를 영국으로 돌려보내려 했고,
나는 얌전히 그 뜻을 따르는 척했어.
숙부는 그런 내게 국서를 쥐여주며 영국 왕실에 전하라고 당부했지.
나는 순순히 고개를 끄덕였지만, 숙부의 앙큼한 속내를 누가 모를까 봐?

배가 출발하고 얼마 안 가 국서를 열어 봤더니 기가 차더라고.
국서에는 나를 죽여 달라 적혀 있었어.
어떻게 사람이 예상을 한 치도 벗어나지 않는지...

물론 나 스스로 영국행 배에 몸을 실긴 했지만,
복수를 포기한 건 아니었어.

그대로 덴마크에 남아 있었더라면,
숙부에 의해 죽임을 당할 게 뻔했기 때문에
시간을 벌고자 잠자코
영국으로 가겠다고 한 거였지.

하지만 상황이 이렇게 되고 보니,
마땅한 방법이 떠오르지 않았어.
나와 함께 배에 오른 사람들은
숙부의 수족들이었으니까.

어떻게 할까 생각하는 도중,
해적선이 나타났어.
신이 아직 나를 버리지는 않았던 거지.

나는 '시종을 사형에 처해 주십시오.'
라고 국서를 바꿔 쓴 뒤,
해적선으로 뛰어내렸어.

난 해적선을 이용해 덴마크로 다시 돌아갔어.

편지로 호레이쇼를 불러내어 그동안 있었던 일들을 듣고,
앞으로의 일을 상의하며 왕궁으로 향했지.

왕궁에 거의 다다랐을 무렵,
두 광대가 노래를 부르며 무덤을 파고 있었어.
이상한 일이다 싶어 누구의 무덤이냐고 물어 봤어.

제멋대로 천당에 가려 한
여자의 무덤입니다, 나리...

나는 어처구니가 없었어,
제 손으로 목숨을 끊은 여자의 장례를 치러 준다니...
아무렴 지위깨나 있는 집 사람이니 가능했겠지만.

그러나, 그녀가 최고의 대우를 받을 자격이 있을까?
그렇게까지 해도 어차피 죄는 사라지지 않아.
영혼이 되어서는 무슨 일이 벌어질지 모르고,
육신은 흙이 되어 흩어지겠지...

문득, 나는 사람이 땅속에서 얼마나 있어야 썩는지 궁금해졌어.
내가 슬쩍 묻자 광대는 흔쾌히 대답해 줬지.

광대   팔구 년쯤 걸릴 겁니다. 여기 있는 이 해골은
        이십하고도 삼 년을 땅속에 있었던 겁니다.

햄릿   아는 사람인가?

광대   알다마다요. 이 해골은 왕의
        어릿광대, 요릭의 해골이랍니다.

햄릿   요릭? 나는 그를 안다네. 아주 잘 알지...
        사람들을 웃음바다로 만들던 그 야유,
        그 익살, 그 노래, 지금은 없는가...

결국, 죽어서는 모두가 이렇게 처참한 모습인가?

그 유명한 알렉산더 대왕도
땅속에서는 이런 모습, 이런 냄새를 풍긴단 말이야?
우린 얼마나 천한 쓰임새로 돌아가는지...

시저 황제, 그도 죽어 진흙으로 돌아가면
병 아가리 바람마개가 되는 수가 있겠지...

**세상을 떨게 하던 누군가도,
끝내는 이리되는가!
오, 비참한 신세!**

때마침, 광대가 파고 있던 무덤을 향해
왕과 왕비와 조신들, 사제들이 걸어오는 모습이 보였어.
심지어는 내가 죽인 폴로니어스의 아들이자,
오필리아의 오빠인 레어티즈까지 말이야.

나와 마찬가지로 유학길에 올랐던 레어티즈가
덴마크로 돌아와 장례식을 치른다면,
그렇다면 이 무덤의 주인은...

레어티즈 이 개자식. 네가 여기를 왜 와!!

그때 알았어,
두 광대가 파던 무덤은 오필리아의 묘라는 걸.

아버지가 죽자 오필리아는 그 충격으로
완전히 미쳐 버렸고, 끝내는 스스로
목숨을 끊고 말았던 거야.

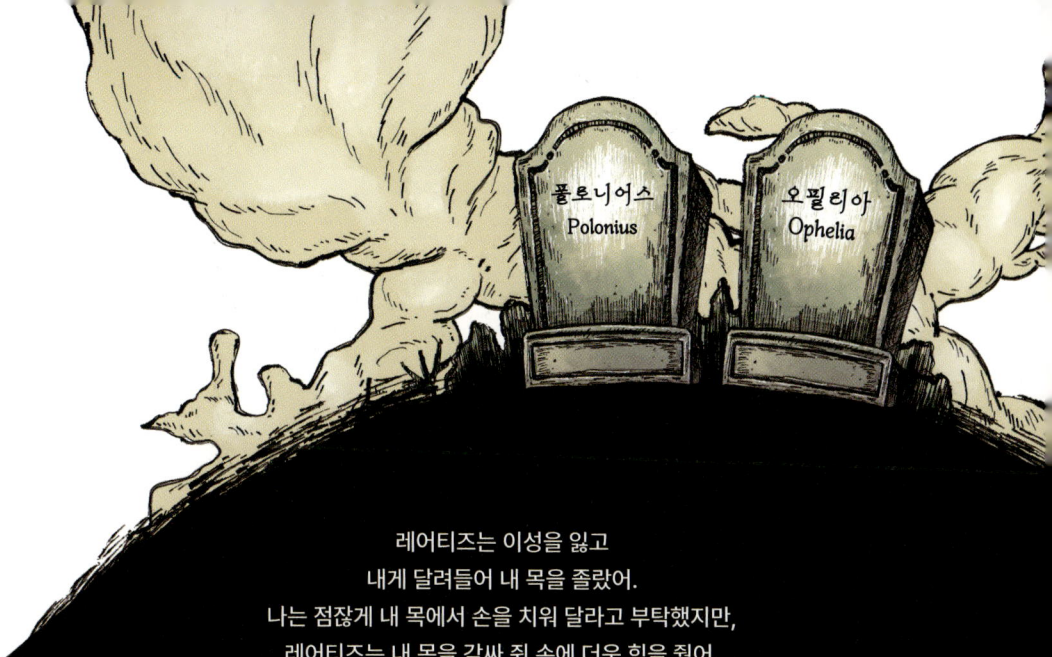

레어티즈는 이성을 잃고
내게 달려들어 내 목을 졸랐어.
나는 점잖게 내 목에서 손을 치워 달라고 부탁했지만,
레어티즈는 내 목을 감싸 쥔 손에 더욱 힘을 줬어.

흥분한 레어티즈를 말린 건 숙부였어.
어떤 꿍꿍이인지는 몰라도, 내게는 고마운 일이었지.
나는 그 틈에 오필리아의 묘를 기리고
서둘러 자리를 빠져나왔어.

며칠 뒤, 레어티즈는 내게 검술 시합을 요청했고 나는 흔쾌히 수락했어.
호레이쇼는 경기가 시작하기 직전까지도 나를 말렸지만 말이야.

> 반드시 질 것입니다.
> 죽을 겁니다. 왕자님.
> 지금이라도 경기를 물리시지요.

> 죽을 때가 지금이면 죽을 테고,
> 아니라면 아닌 거야. 지금이 아니라도
> 언젠가는 죽을 게 아닌가. 순리를 따라야지.
> 마음의 준비가 최고야, 호레이쇼. 걱정 말게.

시합의 시작을 알리는 소리와 함께 레어티즈는
나를 죽일 것처럼 달려들었지.

한창 싸울 때 레어티즈의 칼에 어깨를 찔렸어.
고작 한 번 찔렸다고, 왜 이렇게 몸이 안 좋지.
숨소리가 점점 거칠어졌어.

너 때문에 내 가족은
모두 죽었어!!

레어티즈는 또다시
내게 미친 듯이 달려들었어.
나도 칼을 다시 잡았지.

빨리 끝내야겠다 싶어서
레어티즈에게 달려들어 칼을 뺏었어.

그리고 레어티즈의 칼로,
레어티즈의 옆구리를 찔렀어.

그도 똑같이 숨을 힘겹게 쉬며
시합을 이어 나가고자 했어.

하지만 내게 오는 도중,
레어티즈는 힘없이 쓰러졌어.
시합은 힘겹게 서 있는 내 승리였어.

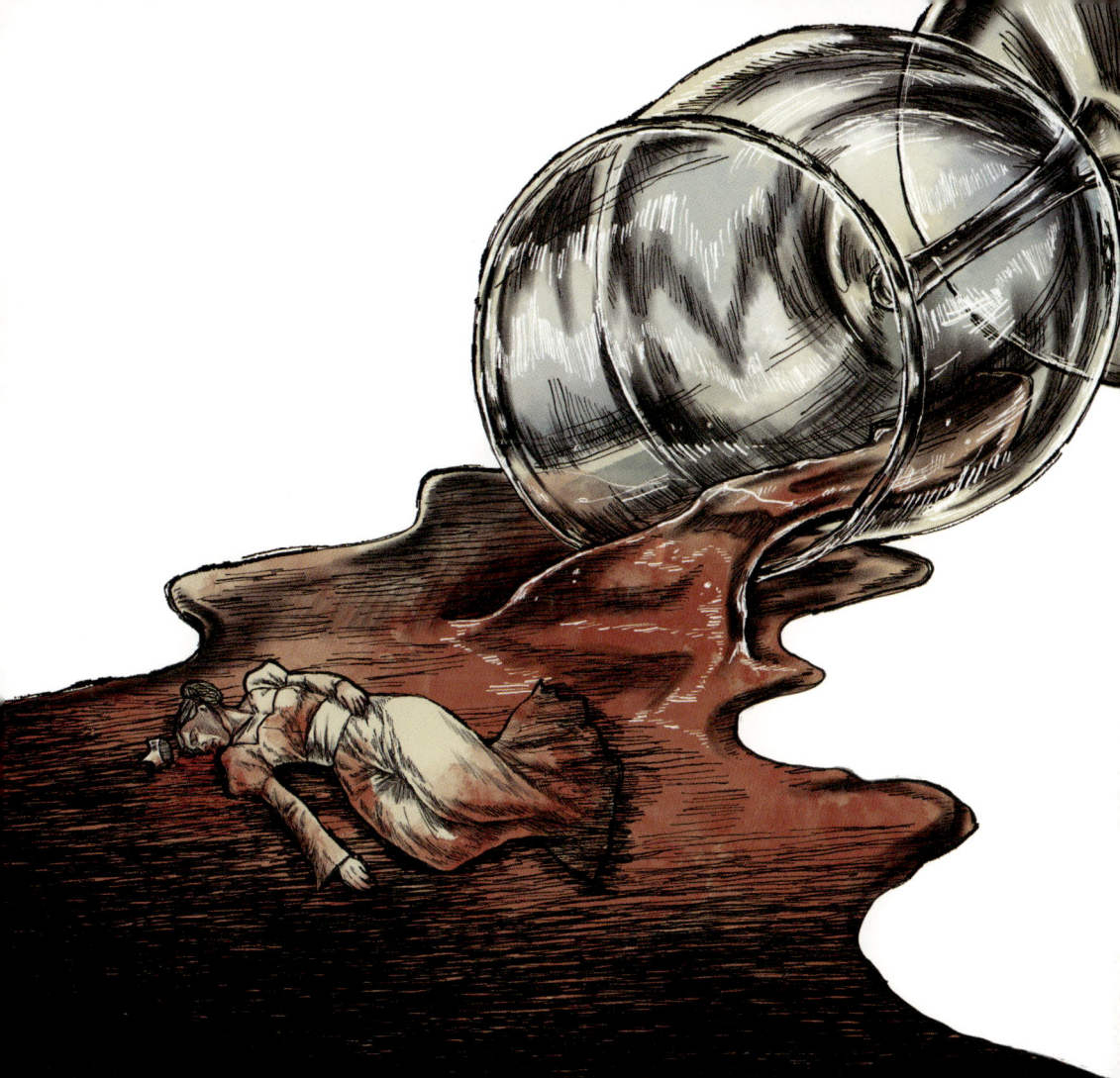

뒤를 돌아 숙부를 바라볼 때,
어머니가 피를 토하며 쓰러지셨어.

거트루드
저 술, 저 술이다! 오, 내 아들 햄릿!
누군가 저 술에 독을 탔다!

레어티즈
모두 클로디우스가 꾸민 일이야,
너를 죽이려고, 너를 죽이려고…

숙부는 무서운 사람이었지.

레어티즈의 마음을 이용해 나를 죽이려 했고,
내가 죽지 않았을 때를 대비해
레어티즈의 검과 내가 먹을 와인잔에
독을 발라 뒀던 거야.
아버지를 죽인 것처럼.

그야말로 구원받을 기미가 전혀 없는 때였지.
드디어 내게 복수의 때가 찾아왔어.

나는 곧장 숙부에게로 달려가 칼을 휘둘렀어.
초점 없이 죽어가는 숙부의 시체를 짓밟았지.
내 몸에 독이 점점 퍼져가는 게 느껴졌고,
곧 죽는다는 걸 알았어.

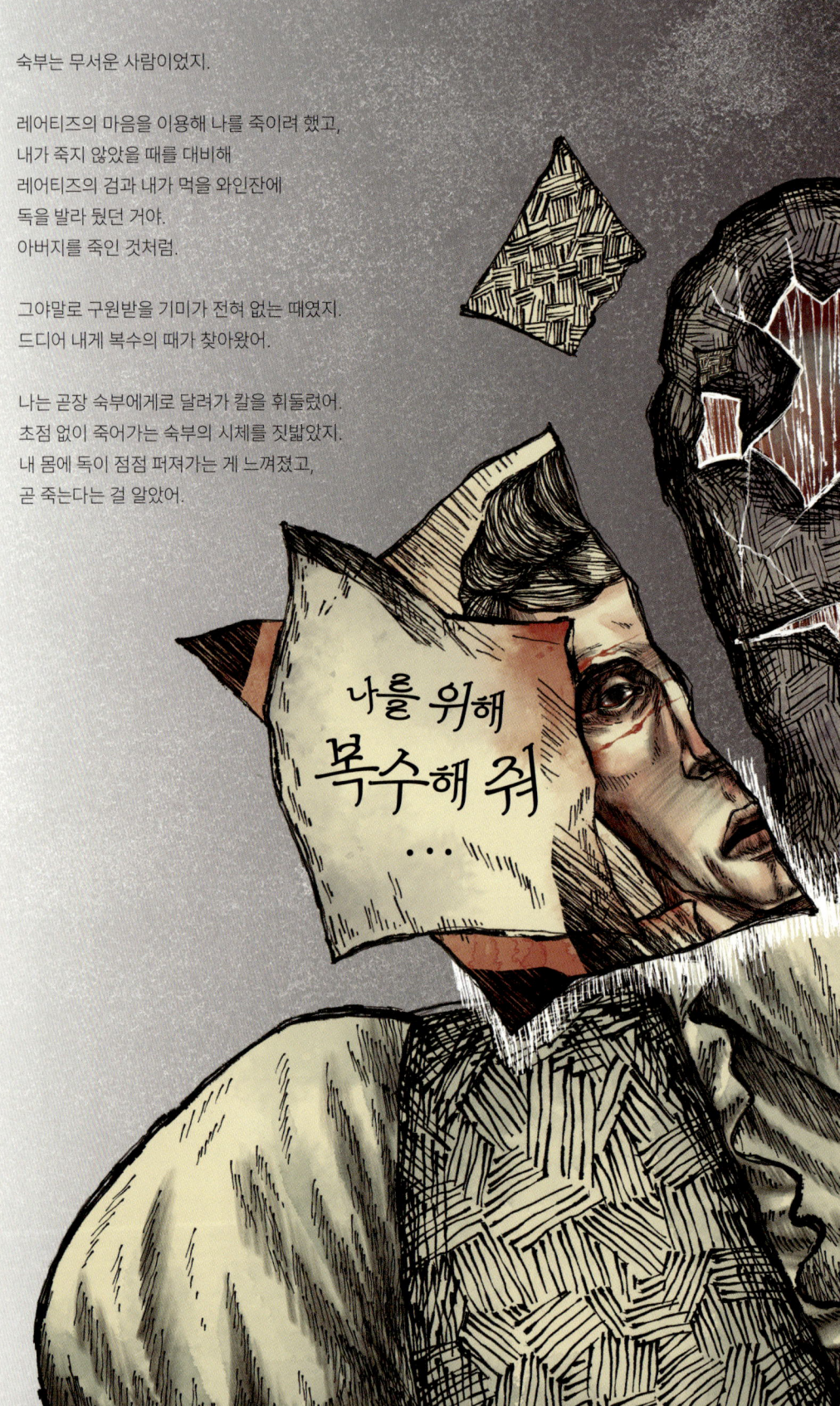

유령이 되어 내 시체를
내려다 볼 수밖에 없었어.

희곡 《햄릿》의 핵심에는 유령이 자리잡고 있다. 비록 초반부에 잠깐 등장했다가 사라지지만, 유령은 햄릿에게 동기를 부여할 뿐만 아니라 극 전체의 의미를 되새길 수 있는 장치가 되어 주기도 한다. 특히 '과거'의 존재인 유령의 목소리는 '현재'의 궁정사회와 대비되면서 극적 갈등을 더욱 고조시킨다. 이러한 유령의 의미는 크게 두 가지로 나누어 볼 수 있다.

첫 번째 유령의 의미,

#햄릿의 욕망

선왕의 유령은 이전의 조화롭고 행복했던 시대를 떠올리게 하는 한편, 현실의 문제를 부각시키는 존재이다. **유령의 등장**은 햄릿의 **억압된 욕망**을 드러내는 장치가 될 뿐 아니라, 그 **욕망을 성취하기 위한 행동의 계기**가 된다. 유령과의 만남이 햄릿의 억압된 욕망을 드러내고, 이를 성취하기 위한 방안을 모색하는 동기가 되는 것이다. 햄릿의 내면에는 어머니를 되찾고 싶은 욕심, 왕위를 계승하려는 의지, 오필리아를 정직하고 순결한 연인으로 곁에 두고자 하는 집착이 공존하고 있다.

이러한 강렬한 욕망으로 인해 햄릿은 진실을 은폐하거나 왜곡하여 자신을 훼방하는 이들을 과감하게 처단한다. 즉, 햄릿에게 있어 유령은 햄릿 내면의 욕망을 가시화하며 햄릿이 행동하도록 만드는 장치이다.

두 번째 유령의 의미, #분열된 자아

햄릿은 아버지를 떠나보내자마자 숙부와 재혼한 어머니를 시종일관 음탕한 여자로 몰아세우고 비난한다. 이를 두고 정신분석학자인 '프로이트'[1]는 어머니를 향한 햄릿의 욕망이 거꾸로 표현된 것이라고 설명했다. 즉, 근친에 대한 자신의 욕망을 대신 실현해주고 있는 숙부를 서둘러 처치하고 싶지 않은 마음이 내재되어 있다는 것이다. 유령은 자신의 억울한 죽음에 대한 보복으로 숙부를 처치해 달라고 부탁하는 한편, 절대 어머니에게는 악의를 품어서는 안 된다고 신신당부한다. 따라서 유령은 아버지가 아닌 **햄릿 내면의 목소리**라는 해석도 가능하다.

---

[1] 정신분석학자로 인간의 성격 발달에서 성적 욕망을 강조하는 특징이 있다.

《햄릿》은 셰익스피어의 작품 중에서 질문으로 된 대사가 가장 많은 작품이다. 이는 곧 유령의 존재와도 연관된다. 첫 대사인 "거기 누구냐?"만 보아도 알 수 있다. '거기'는 시간적 차이 (현재와 과거), 공간적 차이(이승과 저승)를 나타내며, '누구'는 햄릿이 작품 내에서 지속해서 끌고 가는 정체성에 대한 고민을 의미한다. 이렇듯 《햄릿》에서 수없이 제기되는 의문과 의혹, 풀리지 않는 궁금증, 그리고 해답이 주어질 것 같지 않은 모호함과 작품 전체를 아우르는 신비감 등. 《햄릿》에서 일어나는 극적인 사건과 고찰들이 질문으로 표현된 것은 유령의 존재가 깊이 결부되어 있기 때문이다.

햄릿은 영국에서 덴마크로 돌아오는 길에 묘지에서 작업 중인 광대들과 마주친다. 그들이 내던지는 해골들을 바라보며 육신의 덧없음에 대해 명상하던 그는 그 해골 중 하나가 아버지의 어릿광대였던 요릭의 것임을 알게 된다.

요릭의 해골을 바라보며 인생의 허무함을 절감한 햄릿은 '천하를 호령하던 알렉산더나 로마 황제의 모습도 결국에는 마찬가지일 것'이라며 삶에 대한 회의감을 느끼고, 본인의 운명을 다시 한 번 떠올린다.

결말을 상징하는 해골

그는 어렸을 때부터 자신을 수없이 업어주고, 웃겨주었던 요릭의 해골과 대면함으로써 죽음의 현실을 절실히 깨닫는다. '왕의 시체를 먹은 구더기로 물고기를 잡고, 그 물고기를 거지가 먹으면, 왕이 곧 거지 뱃속으로 행차하는' 것처럼 죽음이란 육신이 흔적도 없이 사라지는 허무한 결과만을 낳는다는 것이다.

이렇게 햄릿은 해골과의 만남을 통해 본인의 복수 성사 여부와 삶과 죽음은 별개라는 사실을 인지하게 되는데, 이와 같은 그의 심경 변화는 레어티즈와의 결투 장면에서 확연히 나타난다.

"죽을 테면 지금 죽을 테고, 아니라면 아닌 거야."
"순리를 따라야지. 마음의 준비가 최고야."

즉, 햄릿에서의 해골은 비극인 햄릿의 결말을 상징할 뿐만 아니라 햄릿의 내면적 성장을 이끄는 매개체임을 알 수 있다.

The Great Gatsby

03

F. Scott Fitzgerald

#알콜올릭

피츠제럴드는 대학 시절부터 유명한 술고래였다. 그에게 술은 뮤즈였으며, 감정을 고양시키는 도구였고, 글을 쓰게 만드는 원동력이었다. 죽는 순간까지도 술에 취해 있었던 피츠제럴드의 알코올 중독은 그야말로 심각한 수준이었다. 아내인 젤다는 정신병원에 입원했고, 딸은 사립 학교에 다니고 있어 돈이 들어갈 곳이 많았지만, 그는 술을 마시느라 전 재산을 탕진했다. 글이 써지지 않자 더욱 많은 양의 술을 마셨고, 땀을 흘리면 몸에서 알코올이 빠져나갈 것이 걱정되어 잠옷 위에 스웨터를 껴입기까지 했다. 보다 못한 의사가 '이러다 곧 죽을 것'이라며 금주 명령을 내렸으나 금주 기간 동안 그는 맥주를 매일 스무 병 가까이 마셨다. 그에게 맥주는 술이 아니었기 때문이다.

F. 스콧 피츠제럴드

1896.09.24. - 1940.12.21.

헤밍웨이와의 인연

지독한 알코올 중독이었던 피츠제럴드에게는 술친구가 하나 있었는데 바로 《노인과 바다》를 쓴 작가, 헤밍웨이다. 피츠제럴드가 유명 작가 반열에 오를 무렵, 헤밍웨이는 전직 기자 출신의 무명 작가에 불과했다. 하지만 헤밍웨이의 재능을 일찍이 알아본 피츠제럴드는 그를 자신이 아는 편집자에게 소개해 주었고, 그 덕에 헤밍웨이는 작가로서의 삶을 시작하게 된다.

미국 중서부의 중산층 가문에서 태어난 피츠제럴드와 헤밍웨이, 두 사람은 공통점이 많았다. 두 사람 모두 실연의 상처를 문학적 원동력으로 삼았고, 무엇보다 술을 좋아했다. 이 둘의 차이는 글을 쓸 때의 태도에서 나타났다. 피츠제럴드는 집필 중에도 술을 즐긴 반면, 헤밍웨이는 술을 입에 대지도 않았다. 더군다나 주사가 고약했던 피츠제럴드와 달리 헤밍웨이는 주사도 숙취도 없었고, 그는 '아무리 마셔도 취하지 않을 자신이 있다'는 말을 입에 달고 살았다.

술로 친해진 두 사람의 우정은 술로 인해 파국을 맞이했다. 피츠제럴드가 술에 취해 헤밍웨이의 글을 비난하기 시작한 것이다. 화가 난 헤밍웨이는 피츠제럴드의 외모를 공격하기 시작했고, 그렇게 '동성애 스캔들'이 날 정도로 가까웠던 두 사람의 사이는 순식간에 멀어지고 만다.

내 인생을
망치러 온
나의 구원자

한때 절친이었던 헤밍웨이가 피츠제럴드의 귀에 대고 속삭였다.

"젤다 말이야. 저 여자가 자넬 망치고 있어."

하지만 피츠제럴드는 그 말을 귀 기울여 듣지 않았다. 자신의 첫사랑과 쏙 빼닮은 젤다에게 흠뻑 빠져 있었기 때문이다.

가난 때문에 첫사랑에 실패한 피츠제럴드와 달리 젤다는 부유한 환경에서 나고 자랐다. 젤다는 이른 나이에 술, 담배를 시작했고, 남자아이들과 자주 어울렸으며, 지역 언론에서는 이미 가십의 주인공이었다. 피츠제럴드는 그런 젤다와 결혼하기 위해 성공에 매달렸다. 가난하다는 이유로 이미 한 차례 청혼을 거절당했기 때문이다. 글쓰기에 전념한 그는 젤다를 모델로 한 소설 《낙원의 이쪽》을 발표했고, 운 좋게도 엄청난 성공을 거둔다.

이후, 피츠제럴드는 젤다의 사랑을 쟁취했지만, 결혼 생활은 평탄치 않았다. 자유로운 영혼이었던 젤다가 바람을 피웠기 때문이다. 피츠제럴드는 이혼을 하자는 젤다의 제안을 거절하고 다른 여자와 바람을 피웠다. 영화배우가 되고 싶다거나 전문 발레리나가 되고 싶다는 젤다의 말을 철저히 무시했으며, 젤다와 함께 쓴 작품에서 그녀의 이름을 지워 버렸다. 그녀의 작품을 검열하고 훼손하며 창작 활동을 방해하는가 하면 젤다가 쓴 일기와 편지 속 글을 표절하기까지 했다.

피츠제럴드의 경멸과 억눌린 예술혼으로 인해 젤다의 영혼은 점차 망가져 갔다. 결국 젤다는 조현병으로 정신병원에 입원했고, 피츠제럴드는 그 병원비를 감당하기 위해 매일 글을 써야 했다. 피츠제럴드는 고갈된 재능을 술에서 도로 되찾을 수 있다고 여겼고, 점점 더 독한 술을 찾아 마셨다. 어느 순간부터 그는 늘상 취해 있었다. 맨정신인 날이 거의 드물었다. 결국 44살이 되던 해, 피츠제럴드는 젤다를 닮은 연인 곁에서 심장마비로 숨을 거두고 만다.

내가 아주 어렸을 때부터,
아버지는 내게 말씀하시곤 했어.

남을 비판하고 싶을 땐 언제든지

세상 사람들이 모두 너처럼
유리한 입장에 놓여 있진 않다는 사실을

꼭 기억하거라.

그 충고 덕분에 나는 남을 섣불리 판단하지 않는 사람으로 클 수 있었어.
그 때문인지 내 주변은 항상
내게 치근덕거리며 속내를 털어놓는 사람들로 바글거렸지.
그러나, 나는 그들의 속내를 전혀 알고 싶지 않았어.
누군가의 마음을 굳이 들여다 보기도 싫고,
야단스럽게 나서기도 싫었거든.

그러나, 오직 한 사람...
'개츠비'만은 그런 나의 반발에서 제외되었어.

그는 내가 경멸하는 여러 특성을 지니긴 했어도
순수한 꿈과 사랑을 가슴속에 간직한
특별한 사람이었으니까.

내 이름은 닉 캐러웨이.
미국 서부에서 3대에 걸쳐 이름을 떨치고 있는
명망 높은 '캐러웨이 가문' 출신이야.

나는 1915년에 예일 대학교를 졸업했어.
그리고 얼마 안 되어 제1차 세계 대전에 참전했는데,
미국의 위대한 승리를 만끽하고 돌아오니까
내 고향 마을이 갑자기 초라한 시골 변두리처럼 느껴지더라고?

그래서 나는 서부를 떠나 채권업을 배우기로 결심하고,
1922년 봄에 동부로 왔어.
바로 여기, '웨스트에그'로 말이야.

웨스트에그와 이스트에그는 매우 비슷하게 생겼지만,
생김새 빼고는 모든 게 달랐어.

특히 이스트에그는 상류층 인사들이
모여 사는 호화로운 동네였지.

내가 살던 웨스트에그의 집은 롱아일랜드 해협 앞에 위치한
월세 80달러짜리 허름한 단층집이었어.

그 집은 비바람을 맞아 빛바래 있었지만
나름 정답고 따듯했고,
뉴욕까지 기차로 출퇴근할 수 있다는 장점도 있었어.

그리고 특이하게도 그 집은
한 철에 1만 5000달러를 내야 겨우 빌릴 수 있는
어마어마한 두 저택 사이에 끼어 있었어!

그중 오른쪽 집은 특히 거대하고 화려했지.
노르망디 시청을 본뜬 그 집에는 대리석 풀장과 탑,
그리고 160제곱미터가 넘는 중세풍의 정원이 딸려 있었어.

나는 그 아름다운 정원 한 모퉁이와 바다를 바라보며
평화로이 시간을 보내곤 했지.

그러던 어느 날...
나는 대학 친구인 톰을 만나러
이스트에그에 가게 되었어.

그때는 몰랐지만,

내 인생에서 가장 뜨거웠던
여름의 역사가 바로
그날 시작되었던 거야.

톰은 풋볼 선수로 이름을 날렸던 내 대학 동기이자,
입이 떡 벌어질 정도의 갑부였어.
그리고 그의 부인 데이지는 나의 먼 친척 동생이었지.

그날 톰은 나를 반갑게 맞이하고는
호화로운 저택 안쪽의 한 방으로 나를 데려갔어.

그 방에는 엄청나게 큰 의자가 놓여 있었고,
거기엔 데이지와 한 여자가
요상한 자세로 누워 있었어.

어떤 물건을 턱에 올려 두기라도 한 듯이,
꼼짝도 않으면서 말이야.

데이지는 나를 발견하고는 조심스럽게 자리에서 일어나
사랑스러운 목소리로 내게 인사한 뒤, 이렇게 속삭였어.

저 애의 성은 베이커,
이름은 조던이에요.

의자에 누워 있는 조던은
표정이 도도하고 자세가 꼿꼿해서인지
자신감으로 꽉 차 있는 것처럼 보였어.
그녀에겐 분명 사람의 시선을 끄는 매력이 있었지.

그녀는 나와 데이지가 대화를 나누는 중에
내게 냉큼 다가와서는 이렇게 말했어.

조던 웨스트에그에 사신다고요?
         제가 아는 사람도 거기 살아요.

닉   아, 그러신가요?
         전 아직 아는 사람이 한 명도…

조던 개츠비는 아실 텐데요.

닉   옆집에 사는 남자의 이름이네요.
         아직 한 번도 만난 적은 없지만요.

그날 우리 넷은 저택에서 함께 저녁을 먹었어.
데이지와 조던은 식사 시간 내내 명랑하게 농담을 주고받았고,
톰은 나를 유쾌하게 대접해 주었지.
그러나 그들은 어딘가 무심하고 텅 비어 보였어.
서부에서 느끼던 기대감이나 설렘은 좀처럼 느껴지지 않는 자리였어.

그런데 그때,
갑자기 전화벨이 울렸어.

집사는 톰에게 조심스럽게 다가오더니
귓속말로 무어라 속삭였지.

이 책 봤나?
문명은 산산조각 나고 있어.

지배 인종인 우리 백인이 정신을 바짝 차려야 해.
그러지 않으면 다른 인종이 세계를 지배하게 될 거야!

맞아요.
우리는 그들을 꾹꾹
밟아 버려야 해요.

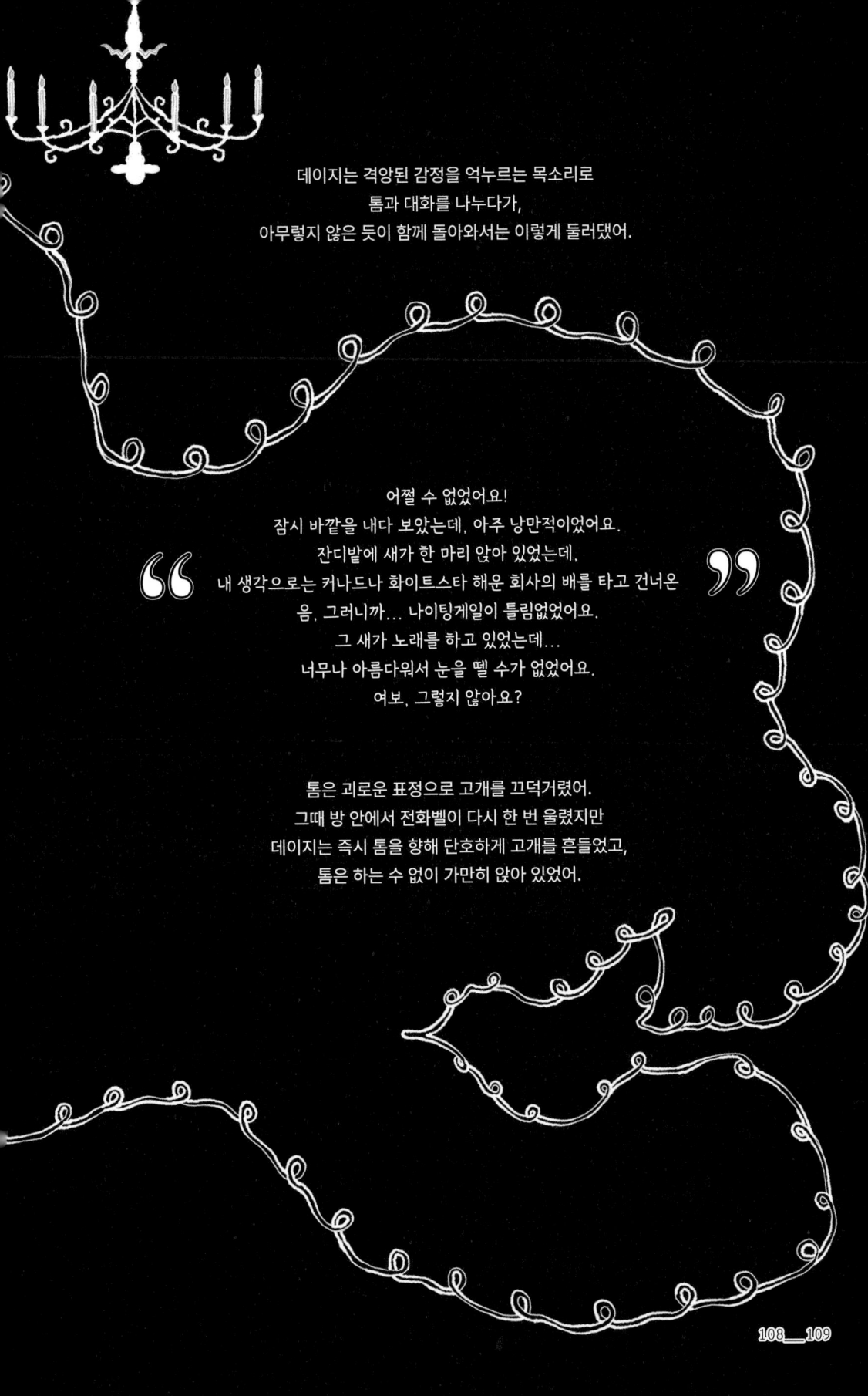

데이지는 격앙된 감정을 억누르는 목소리로
톰과 대화를 나누다가,
아무렇지 않은 듯이 함께 돌아와서는 이렇게 둘러댔어.

"어쩔 수 없었어요!
잠시 바깥을 내다 보았는데, 아주 낭만적이었어요.
잔디밭에 새가 한 마리 앉아 있었는데,
내 생각으로는 커나드나 화이트스타 해운 회사의 배를 타고 건너온
음, 그러니까… 나이팅게일이 틀림없었어요.
그 새가 노래를 하고 있었는데…
너무나 아름다워서 눈을 뗄 수가 없었어요.
여보, 그렇지 않아요?"

톰은 괴로운 표정으로 고개를 끄덕거렸어.
그때 방 안에서 전화벨이 다시 한 번 울렸지만
데이지는 즉시 톰을 향해 단호하게 고개를 흔들었고,
톰은 하는 수 없이 가만히 앉아 있었어.

그렇게 불편한 시간을 보내다 10시쯤 되자
조던은 내일 경기가 있어서 일찍 자야 한다며 자리에서 일어났어.

그제서야 나는 그녀가 신문에서 몇 번 보았던
유명한 골프 선수였다는 사실을 생각해 냈지.

데이지는 내게 다가와서 이렇게 속삭였어.

닉 오빠! 사실은 나...
조던과 오빠 사이에서 중매를 서려고 해요.

뭐라고 할까... 두 사람을 엮어 버리려고요.
알잖아요. 두 사람을 옷장에 집어 넣고 문을 잠근다든가,
보트에 태워 바다로 띄어 보낸다든가. 뭐 그런 거!

그러니까
앞으로 우리집에 자주 들러요.
조던 좀 잘 챙겨 주시고요.

나는 여자를 사귀는 일에는 크게 관심이 없었기에
대답을 얼버무리고는 집으로 돌아왔어.

특별할 것 없는 하루였지만 왜인지 마음이 혼란스러웠고,
기분도 약간 언짢았지.

나는 차고에 차를 넣어 두고 집 앞의 잔디밭에 앉았어.
자연의 소리가 넘쳐 흐르는 어둠 속에서
밤하늘은 아름답게 빛나고 있었어.

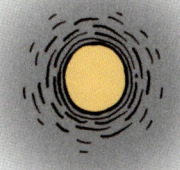

그런데, 달아나는 고양이의 뒤를 쫓아
고개를 돌리는 순간...!

나는 알게 되었어.
내가 혼자 있는 게
아니라는 사실을 말이야.

오른쪽 대저택의 그림자 속에서
누군가가 양손을 호주머니에 찔러 넣은 채
밤하늘을 바라보고 있었지.

나는 그가 개츠비라는 걸
단번에 알 수 있었어.

개츠비는 어두운 바다를 향해 두 팔을 활짝 펼쳤어.
나도 그를 따라서 바다를 힐끔 돌아보고 나니,
어느새 그는 사라져 있었어.

그리고 얼마 후...
나는 뉴욕에 있다던 톰의 애인을
예기치 않게 만나게 되었어.

톰이 나와 함께 뉴욕으로 놀러가던 중에
자기 애인을 소개해 주겠다며 날 기차에서 끌어 내렸거든.

우리가 내린 곳은 '쓰레기 계곡'이라고 불리는,
악취가 가득한 매립지였어.

끊임없이 피어오르는 먼지 구름 너머에는
빛바랜 광고판이 있었고,
그 속에서는 어느 안과 의사의 푸르고 거대한 두 눈이
생각에 잠긴 채 쓰레기 계곡을 내려다보고 있었어.

톰은 나를 황무지 끝의
낡은 자동차 정비소로 데리고 갔어.

그곳의 주인 '윌슨'은 톰을 굽신거리면서 맞이했지.
윌슨은 잘생긴 금발 미남이었지만,
유난히 병약하고 피곤해 보였어.

그리고 얼마 지나지 않아 그의 부인인 '머틀'도
사무실 계단을 뛰어 내려 왔어.

삼십 대 중반에 들어선 그녀의 육감적인 움직임에서는
생동감이 강하게 느껴졌어.
그녀는 남편 윌슨에게 경멸적인 어조로
의자를 가져오라고 명령하고는
톰과 비밀스럽게 얘기를 나누었어.

보고 싶었어요.

머틀. 같이 있고 싶어.
다음 뉴욕행 기차를 타.

지하 신문 판매대에서 기다릴게.

바보 같은 윌슨은 자기 아내가
뉴욕에 있는 그녀의 여동생을
만나러 가는 줄로만 알았을 거야.

그날 나와 톰은 뉴욕에 있는 그녀의 아파트에 놀러 갔어.

우리는 그녀의 여동생 '캐서린'과 아랫집 부부와 함께
엄청난 양의 술을 마셨지.

머틀은 가식적으로 행동하면서도
주변 사람들을 끊임없이 무시했고,
캐서린은 내 옆에 붙어 앉아 끝도 없이 나불거렸어.

그녀가 한 말은 다 쓸데없는 가십거리이거나 거짓말이었지만,
한 이야기만은 매우 흥미롭게 느껴졌지.

당신은 어디 살아요?

웨스트에그에 삽니다.

정말요?
한 달 전쯤에 그곳에서 열린 파티에 갔는데!
개츠비라는 사람의 집 말이에요.

바로 옆집에 사는 남자이지요.

그 분은 빌헬름 황제의 조카인가 사촌인가 된다더군요.
그 분의 돈이 다 거기서 나온다죠.
근데 전 그 사람이 무서워요.
그 사람과는 무슨 일로도 엮이고 싶지 않아요.

그러다 자정쯤 되었을 때, 톰과 머틀은 말다툼을 하기 시작했어.
머틀이 데이지의 이름을 언급할 권리가 있느냐를 두고서 말이야.

머틀
내가 부르고 싶으면 언제든지 부를 거예요!
데이지! 데이지! 데이...

그 순간, 톰이 그녀의 코를
손바닥으로 잽싸게 후려갈겼어!

아파트는 아프다고 울부짖는 소리, 여자들이 꾸짖는 소리,
구급약을 들고 비좁은 가구 사이를 뛰어다니는 소리로 가득찼어.
머틀은 상심한 표정으로 피 묻은 수건들 사이에 누워 있었지.

나는 조용히 그 집을 빠져나왔고,
소란스러웠던 그 날의 일은 그렇게 끝이 났어.

그러다 얼마 후...
나는 개츠비의 집에 정식으로 초대되었어.

토요일 아침에 푸른 제복을 차려입은 개츠비의 운전기사가
우리집 잔디밭으로 건너와 내게 초대장을 건넸지.

당시 개츠비의 대저택에서는
지구상에서 가장 화려한 파티가 열리고 있었어.

낮이 되면 그의 손님들은 뜨거운 햇살 아래에서 일광욕을 하거나
대리석 탑에서 바다를 향해 다이빙을 했고,
모터보트 두 대를 이용해 수상 스키를 타기도 했어.

휘황찬란한 조명으로 장식된 그의 정원에서는
매일 엄청난 양의 오렌지와 레몬이 주스로 소진되었고,
오케스트라가 저녁마다 웅장한 음악을 연주했지.

내가 그날 7시쯤 개츠비의 저택으로 갔을 때,
화려한 옷을 차려 입은 손님들은
저들끼리 진지하게 이야기를 나누고 있었어.

나는 그 낯선 이들 사이에서 겸연쩍은 기분으로 어슬렁거리며
개츠비를 찾아다녔지.

그러나 사람들은 그가 어디 있는지 물을 때마다
단호한 표정으로 전혀 모르겠다고 대답했어.

나는 어색한 기분이 들어 술이나 거나하게 마셔 보려다가,
대리석 계단 꼭대기에서 사람들을 깔보듯 내려다 보고 있는
조던을 발견했어.

닉, 당신이 올지도 모른다고 생각했어요.
근처에 산다는 걸 기억하고 있었거든요.

나와 조던은 그녀의 몇몇 지인들과 둘러 앉아 이런저런 이야기를 나누었어.
이야기의 주된 내용은 개츠비에 대한 추측이었지.

개츠비는 사람들의 상상력을 끝없이 불러일으키고 있었어.

💬 지난번에 여기 왔을 때는 의자에 걸려 옷이 찢어졌는데
그분이 내 이름과 주소를 묻더군요.
그러고는 일주일도 안 되어 크루아리에 의상실에서
새 이브닝드레스 한 벌을 소포로 보내왔어요.
무려 265달러나 되는 드레스를요!

💬 그것 참 수상하군요.
지나친 호의를 보이는 사람은 믿어선 안 돼요.
어떤 사람한테 들은 건데요. 그 남자는…
사람을 죽인 적이 있대요.

♣ 아니. 난 그렇게 생각하지 않아.
그 사람이 전쟁 중에 독일 스파이
였다는 말이 더 맞는 것 같아.

💬 맞아. 난 독일에서
그와 함께 자란 사람한테서
그런 얘기를 들은 적이 있어.

💬 그럴 리 없어요! 그 사람은 전쟁 중에
미군에 소속되어 있었거든요.
그리고… 그가 가끔 주위에 아무도 없다고
생각할 때 짓는 표정을 보세요.
그는 살인을 한 사람이 틀림없다고요!

시끌벅적한 대화에 지친 조던은 나를 데리고 연회장 밖으로 나갔어.
우리는 개츠비를 찾으려 저택의 이곳저곳을 돌아다녔지.

그러나 그는 바에도, 계단에도, 서재에도, 어디에도 없었어.
술에 잔뜩 취한 손님들만 그의 집 이곳저곳에 널브러져 있을 뿐이었어.

한밤중이 되자 노래 소리는 한층 고조되었어.
그제야 흥이 좀 오른 나는 개츠비 찾기를 포기하고
샴페인을 마시기 시작했지.

그러자, 눈앞의 광경이 무언가 의미 있고 중요한 것으로 바뀌면서
내 또래의 한 남자가
따듯하게 미소 짓는 것이 보였어.

개츠비 낯이 익네요. 혹시 전쟁 때 제3 사단에 근무하지 않았습니까?

닉 아, 그렇습니다. 제9 기관총 대대에 있었지요.

개츠비 그렇군요! 이것도 인연인데, 내일 아침에 모터보트를 같이 타지 않겠습니까?

닉 좋죠. 이제야 기분이 좋아지네요. 파티가 좀 낯설기도 하고, 사실 주인도 아직 만나 보지 못했거든요. 개츠비라는 분이 초대장을 보내긴 했는데...

개츠비 내가 개츠비입니다.

나는 깜짝 놀랐어.
개츠비는 주인 노릇을 제대로 하지 못해 미안하다면서
사려 깊은 미소를 지어 보이고는 자리에서 일어났지.

그리고 얼마 후... 나는 대리석 계단에서 혼자 서 있는 그를 보았어.
그는 화려한 파티의 한가운데에서 흐뭇한 시선으로
사람들을 둘러보고 있었지.

그의 근사한 외모는 화려하면서도 단정한 그의 옷차림과 어우러지며
눈부신 빛을 발하고 있었어.

그런데 그때, 개츠비의 집사가 조던에게 다가와 말했어.

"미스 베이커이십니까?
개츠비 씨가 조용히 단둘이서 뵙고 싶다고 하십니다."

조던은 놀란 듯한 얼굴로 그를 따라갔고,
새벽녘이 되어서야 그의 서재에서 걸어 나왔어.

> " 닉. 방금 참으로 놀라운 얘기를 들었어요.
> 이건... 정말로 놀라운 얘기예요.
> 하지만 아무한테도 말하지 않겠다고 맹세했으니,
> 이렇게 당신을 애태울 수밖에요. "

개츠비는 대체 조던에게 어떤 말을 했던 걸까?
그날의 파티는 그렇게 베일에 싸인 채로 끝이 났어.

그리고 7월 하순의 어느 날 아침...
개츠비는 함께 점심을 먹자며 나를 찾아왔어.

이제껏 나는 그의 파티에 두 번이나 참석했고,
그의 모터보트를 탄 적도 있으며,
그의 간곡한 초대로 그의 저택 앞 해변을 자주 이용하기도 했지만,
그가 나를 직접 찾아온 것은 처음이었지.

그는 여유 있게 행동하려 노력했지만 끊임없이 안절부절 못하고 있었어.
개츠비는 자신에 대한 수많은 소문들을 의식이라도 한 듯이
나와 함께 뉴욕으로 가는 내내 자신의 인생에 대해 설명해 주었어.

미국 서부의 부잣집에서 태어나 옥스퍼드에서 교육을 받았는데
가족들이 모두 죽는 바람에 거액의 유산을 상속받게 되었다면서,
내게 옥스퍼드 시절에 찍은 사진까지 보여 주었지.

그런 뒤에 그는 내게 조심스럽게 얘기했어.

개츠비
드리고 싶은 부탁이 있는데...
자세한 내용은 친절하게도 조던 씨가 대신 말해 주겠다고 하셨습니다.
오늘 오후에 마침 당신과 만나기로 했다면서요.

그렇게 뉴욕의 식당에 도착하자,
개츠비는 그곳에 있던
한 남자를 내게 잠시 소개해 주었지.
험상궂은 인상의 그는
'울프심'이라는 유대인으로,
개츠비와 사업적으로
매우 가까운 사이라고 했어.
아무튼 우리는 평소처럼 이런저런
대화를 주고받으며 점심을 먹었어.

그런데, 밥을 다 먹고 계산을 하려던 차에
건너편 레스토랑에서 밥을 먹고 있는 톰을 발견했어!
나는 톰에게 개츠비를 소개해 주고 싶어서 서둘러 그곳으로 갔어.

톰! 오랜만이네.

이쪽은 개츠비 씨야. 인사해.

닉, 그동안 어디 있었나? 데이지가 자네를 얼마나 찾았다고!

개츠비와 톰은 짧게 악수를 나누었어.
그런데, 어째선지 개츠비의 표정이 점점 굳어가기 시작했어.
그리고 잠시 톰과 이야기를 나누고 보니
개츠비는 어느새 자리를 뜨고 없었지.

그날 오후... 한 커피숍에서
조던은 개츠비가 부탁한
그 '비밀스러운 이야기'를 전해 주었어.

닉, 그거 알고 있었어요...?
데이지랑 개츠비, 서로 사랑하는 사이였어요.
데이지가 톰을 만나기 전에요.

사실 저도 루이빌에 살 때
두 사람이 함께 있는 걸 한 번 본 적이 있는데...
그때 그 남자가 웨스트우드의 개츠비일 거라고는
미처 생각도 못하고 있었죠.

그러다가 최근에 알게 되었어요.
왜, 우리가 처음 만났을 때,
제가 당신에게 개츠비를 아느냐고 물었잖아요?
데이지가 그걸 들었는지 그날 밤에
잠든 저를 깨워서는 개츠비의 성을 묻더라고요.
자기가 아는 사람이 틀림없다면서요.

그제서야 저도 생각이 났어요.
데이지의 그 옛 연인 이름도 개츠비였다는 사실이!
둘은 진심으로 사랑하는 사이였지만,
장교였던 개츠비가 해외로 파견되면서 헤어졌었죠.

" 그러고 보면 데이지는 결혼식 전날에
톰이 준 목걸이를 쓰레기통에 던져 버리기도 했어요.
그리고는 울음을 터뜨리며 이렇게 말했죠.
이걸 그 사람에게 돌려 줘!
가서 내 마음이 변했다고 말해! 라고요.
그때 데이지는 손에 편지 한 장을 쥐고 있었어요.

그래도 데이지는 얼마 지나지 않아 괜찮아졌어요.
아마 톰을 사랑하게 되었기 때문이겠죠.
특히 두 사람이 신혼여행을 다녀온 이후에...
저는 남편을 그렇게 사랑스러운 눈으로
쳐다보는 여자는 처음 봤어요.

그런데 놀랍게도,
개츠비는 데이지를 아직 잊지 못했대요.
그는 그래서 동부로 이사를 온 거래요.
그러니까...

개츠비는 데이지를 만나고 싶어 해요.
당신의 집에서 당신이랑 같이요.
개츠비 말로는 그래야만 자신의 집을 자연스럽게
데이지에게 보여 줄 수 있을 거라더군요.

그날 밤, 내가 집에 돌아왔을 때
개츠비는 잔디밭 너머에서 나를 기다리고 있었어.

나는 조바심을 애써 억누르고 있는 그에게
내일 데이지에게 전화를 걸어 그녀를 초대하겠다고 말했지.
그는 잘 됐다며 안도하고는, 조만간 하인들을 시켜 우리집을 꾸며 주겠다고 했어.

그리고 이튿날,
나는 약속대로 데이지에게 전화를 걸어 그녀를 초대했고,
그 다음 날이 되자 그녀는 정말로 우리집을 찾아왔어.
그녀의 목소리처럼 밝고 아름다운 흰색 스포츠카를 타고서 말이야.

데이지

닉 오빠! 비가 미친 듯이 오네요.
그런데 왜 톰도 없이 저만 불렀어요?
혹시 절 사랑하는 건 아니겠죠? 호호!

잔뜩 긴장해 낯빛이 창백해진 개츠비는
데이지가 앉아 있는 거실로 들어갔어.
그러자 데이지의 꾸민 듯한 웃음소리가 들린 뒤
어색한 침묵이 흘렀지만...

그들에게 삼십 분쯤 자리를 피해 주고 돌아오니
그야말로 놀라운 변화가 일어나 있었어.

개츠비는 온몸으로 찬란한 빛을 내뿜고 있었고,
데이지의 얼굴에는 눈물 자국이 나 있었지.

두 사람은 그새 비밀스러운 마음을
나누어 가진 듯 보였어.

개츠비는 기다렸다는 듯
자기의 집을 구경시켜 주겠다며
나와 데이지를 그의 저택으로 데리고 갔어.

데이지는 그 웅장한 집을 홀린 듯 구경하면서
중세풍의 정원과 응접실에 온갖 찬사를 보냈고,
개츠비는 그런 그녀를 사랑스럽다는 듯 뚫어져라 쳐다보았어.

그는 그야말로 황홀해 보였지.
평생 동안 지금 이 순간만을
꿈꾸어 온 사람처럼 말이야.

그렇게 한참 집을 구경하다가
개츠비가 번쩍거리는 옷장에서 값비싼 옷들을 꺼내
하나하나 구경시켜 주었을 때,
데이지는 별안간 셔츠에 머리를 파묻더니
이상한 소리를 내며 울기도 했어.

데이지
아아... 너무나 아름다운 셔츠들이에요!
너무 슬퍼요. 난 지금껏 이렇게...
이렇게 비싸고 아름다운 셔츠를 본 적이 없거든요!

데이지와 개츠비는 집 구경을 마친 뒤
창가에 나란히 서서 롱아일랜드 해협을 바라보았어.

데이지는 바다 위로 떠오른 분홍빛 구름을 가리키며
개츠비에게 살며시 팔짱을 꼈지.
개츠비의 저택을 제 집처럼 드나드는 손님 '클립스프링어'는
그들을 위해 피아노를 쳐 주었어.
개츠비는 정신을 차리지 못할 정도로 행복해했지.

"안개만 없었다면 당신 집이 보였을 겁니다.
당신 집 앞에 놓인 등대에서는
밤새 초록색 불빛이 빛나고 있더군요."

"저를 늘 보고 계셨군요!
아아... 저 구름을 하나 가져다가
당신을 태우고 이리저리 밀고 싶어요!"

그렇게 개츠비는 데이지와 다시
연애를 하기 시작했어.

그런데, 어느 일요일 오후
나는 여느 때처럼 파티가 열린 그의 저택에 건너갔는데...
내가 간 지 채 2분도 되지 않아 톰이 지인들을 데리고 찾아왔어.

물론, 그는 개츠비와 데이지가 만났다는 사실을 꿈에도 모르는 상태였지.
개츠비는 먼저 톰에게 다가가 적극적으로 말을 걸었어.

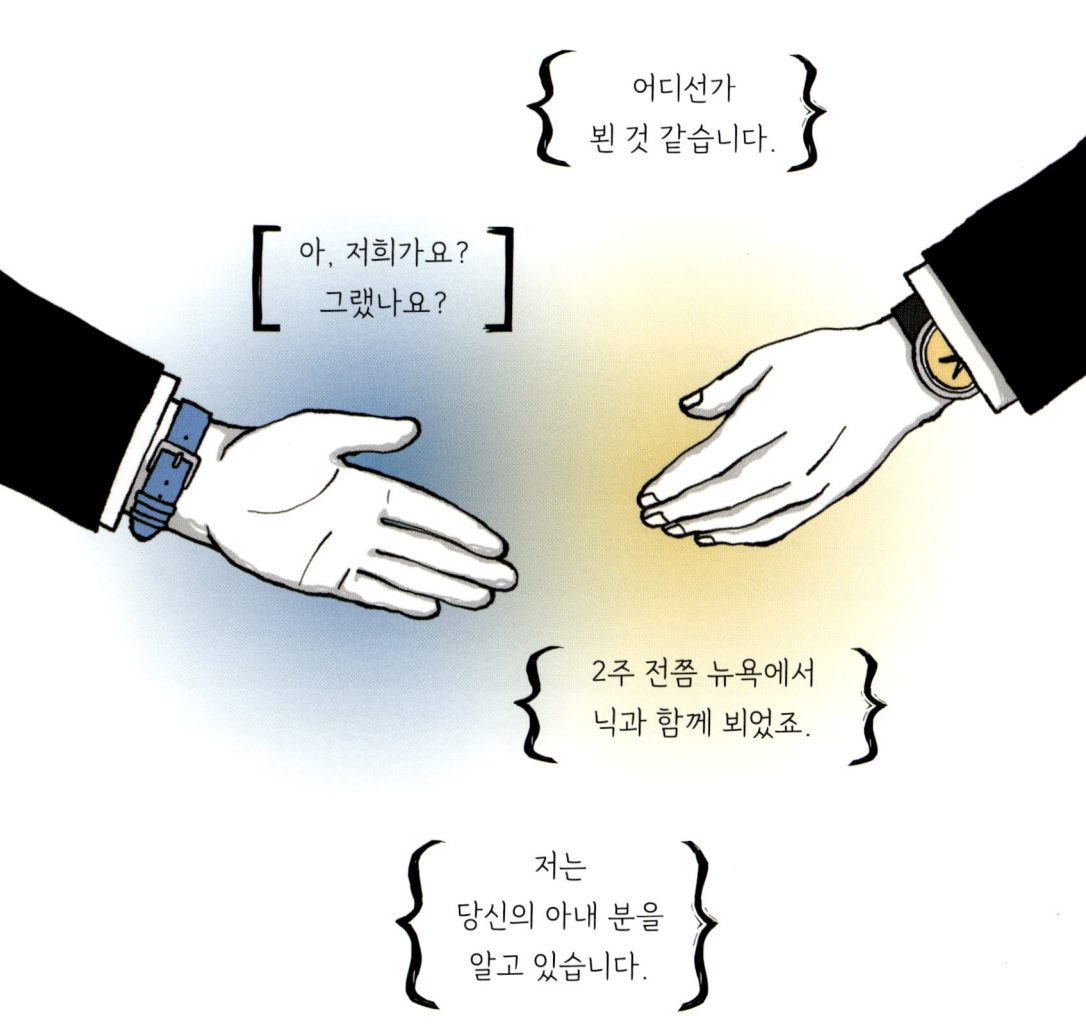

톰은 데이지를 알고 있다는 개츠비의 말에
기분이 몹시 상한 것처럼 보였어.

그래서일까?
톰은 다음 주말이 되자 데이지를 데리고 다시 파티에 참석했어.

그들은 온갖 격식을 차리며 여러 유명인사들과 어울렸고,
데이지는 황홀한 분위기에 취해 파티를 맘껏 즐겼지만,
그날의 파티에서는 이유를 알 수 없는 긴장감이 맴돌았지.

톰은 하루 종일 개츠비에 대해 비아냥거렸어.

톰
개츠비란 자는 도대체 뭐 하는 인간이야?
거물 밀주업자라도 되는 건가?

닉
그런 소리는 어디서 들었나?

톰
들은 게 아니라 생각해 낸 걸세.
갑자기 돈을 번 작자들 중에
거물 밀주업자가 많지 않은가?

닉
하지만 개츠비는 아닐 거야.

톰
어쨌거나 그 자는 이 별난 친구들을 한데 모으느라 힘 좀 들였겠어.
난 그자가 대체 누구인지, 무슨 일을 하는지 알고 싶다고.

데이지
지금 당장이라도 말해 줄 수 있어요, 톰.
그는 약국을 경영하고 있어요. 그것도 아주 많이요.
자기 힘으로 직접 세운 사업이에요.

개츠비는 톰 옆에 바짝 붙어 있는 데이지를 보고는
하루 종일 괴로워했지.

개츠비가 간절히 원하는 것은 데이지가 톰에게 이별을 고하는 것,
그리고 그녀를 루이빌로 데리고 가 결혼식을 올리는 것이었어.

그러나 나는 그것이 말도 안 되는 바람이라는 걸 알고 있었지.
그래서 그에게 과거를 반복할 수는 없으니
데이지에게 너무 많은 것을 요구하지는 말라고 충고했지만,
그는 나의 말에 발끈할 뿐이었어.

어떻게든 모든 것을 옛날과 똑같이
돌려놓을 것이라면서 말이야.

그렇게 여름은 조금씩 지나가고...

데이지와 더욱 가까워진 개츠비는
그녀와의 만남을 비밀로 하기 위해
하인들을 모두 교체해 버렸어.

그러자 사람들의 호기심은 극에 달했고
그에 대한 꺼림칙한 소문이 다시 온 동네에 퍼졌지만,
개츠비의 관심사는 오로지 데이지뿐이었지.

나는 걱정스러운 마음으로 불이 켜지지 않는 그의 집을 찾아가 보았어.
그러나 새로 온 집사는 퉁명스럽게 문을 닫아 버렸어.

그러던 어느 날,
개츠비가 내게 전화를 걸어왔어.
시간이 괜찮으면 다음날 데이지의 집에
점심 식사를 하러 함께 가지 않겠느냐고 말이야.

그래, 그리고 그날
그 끔찍한 사건이 벌어진 거야.

그날은 그 해 여름 중에서도 가장 더운 날이었어.
개츠비와 나, 그리고 조던은
데이지와 톰이 있는 이스트에그의 저택에 모였어.

데이지는 개츠비를 가슴 설레는 웃음으로 맞이하고는
그에게 몰래 키스를 하며 달콤한 말을 건넸어.

개츠비,
내가 당신 사랑하는 거 알죠?

문제는 그녀가 그런 사랑을
톰 앞에서 미처 숨기지 못했다는 것이었어.

톰은 개츠비를 보는 그녀의 눈에 사랑이 담겨 있다는 사실을 깨닫고는
입이 떡 벌어진 채로 데이지와 개츠비를 번갈아 쳐다보았어.

그러나, 그는 이내 마음을 고쳐 먹고 낯빛을 바꾼 뒤 태연하게 말했지.

 자자, 날도 더운데 시내나 갈까?
데이지가 집은 너무 덥다고 하니까 말이야.

데이지와 조던이 외출 준비를 마치고 나오자,
개츠비는 시내까지 자신의 차로 다 같이 가자고 제안했어.

그러나 톰은 개츠비의 차를 자신이 몰 테니,
개츠비더러 자신의 쿠페를 몰면 어떻겠냐고 했지.
그를 시내까지 혼자 가게 만들 심산으로 말이야.

그때, 데이지가 대화에 불쑥 끼어들며 이렇게 말했어.

> 싫어요!
> 당신은 닉과 조던을 데리고 가요.
> 저는 개츠비랑 같이
> 당신의 쿠페를 타고 뒤따라갈게요.

개츠비의 자동차　　　　　　톰의 자동차

톰은 하는 수 없이 나와 조던을 태우고
개츠비의 자동차를 몰게 되었어.
그리고 시내로 향하는 중에 차에 휘발유를 넣기 위해
윌슨의 정비소에 들렀지.

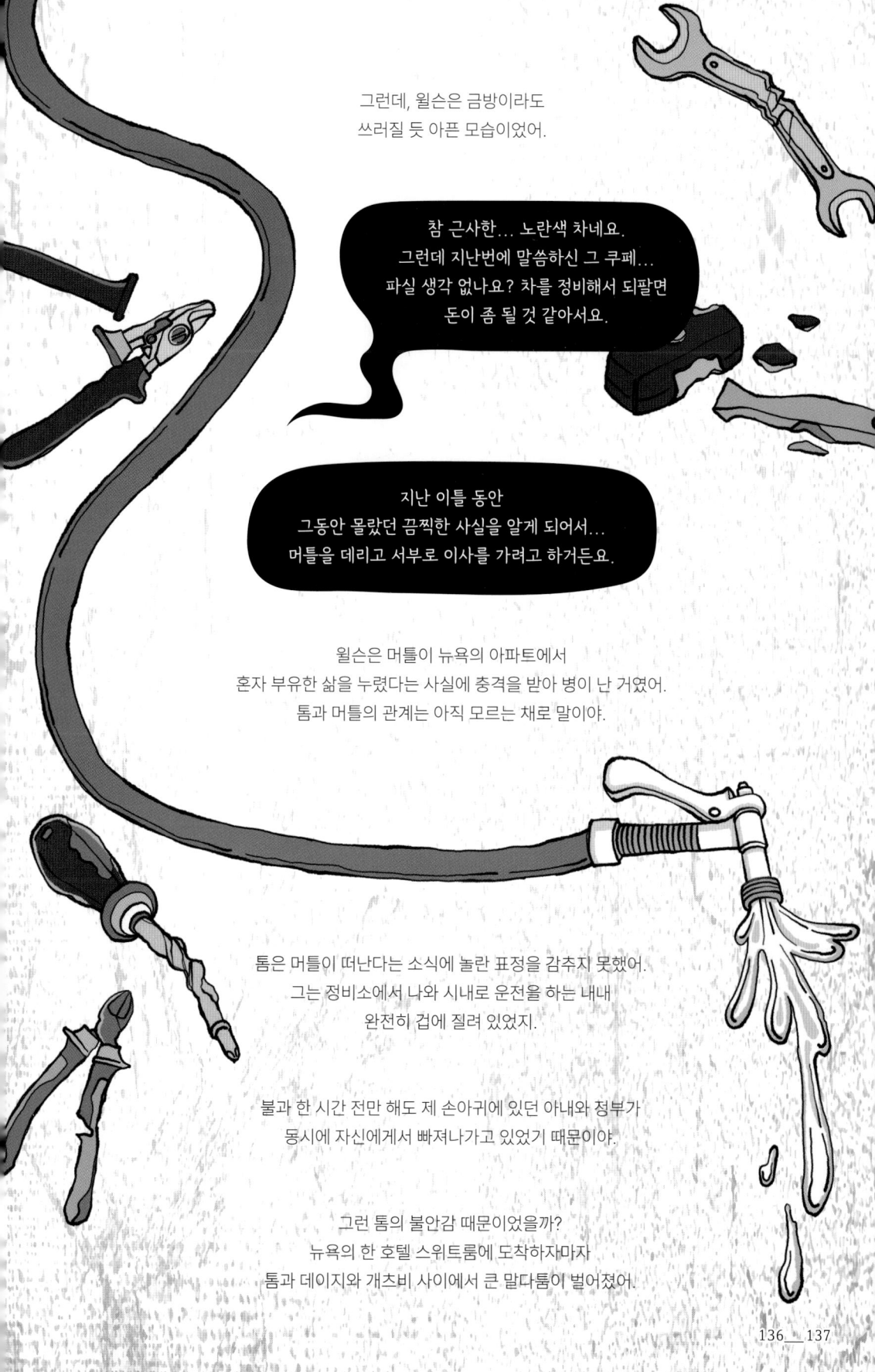

개츠비는 그녀의 말을 계속해서 부정하려 했지만,
그럴수록 데이지의 마음은 점점 안으로 움츠러들었어.

결국 그녀는 중압감을 이기지 못하고 집으로 돌아가겠다고 말했지.

승리감을 느낀 톰은 개츠비에게 데이지와 함께
먼저 출발하라며 아량을 베풀었어.

그래서 두 사람은 먼저 개츠비의 차를 타고
집으로 향하게 되었지.

톰은 나와 조던을 차에 태우고
여유만만하게 집으로 출발했어.
그런데, 정비소 앞을 지날 때
자동차 서너 대와 사람들이 모여 있는 것이 보였어.

수상쩍은 마음이 들어 정비소로 들어갔더니
윌슨은 정신이 반쯤 나가 울부짖고 있었고…

정비소 벽 쪽에는
머틀의 시체가 놓여 있었어!

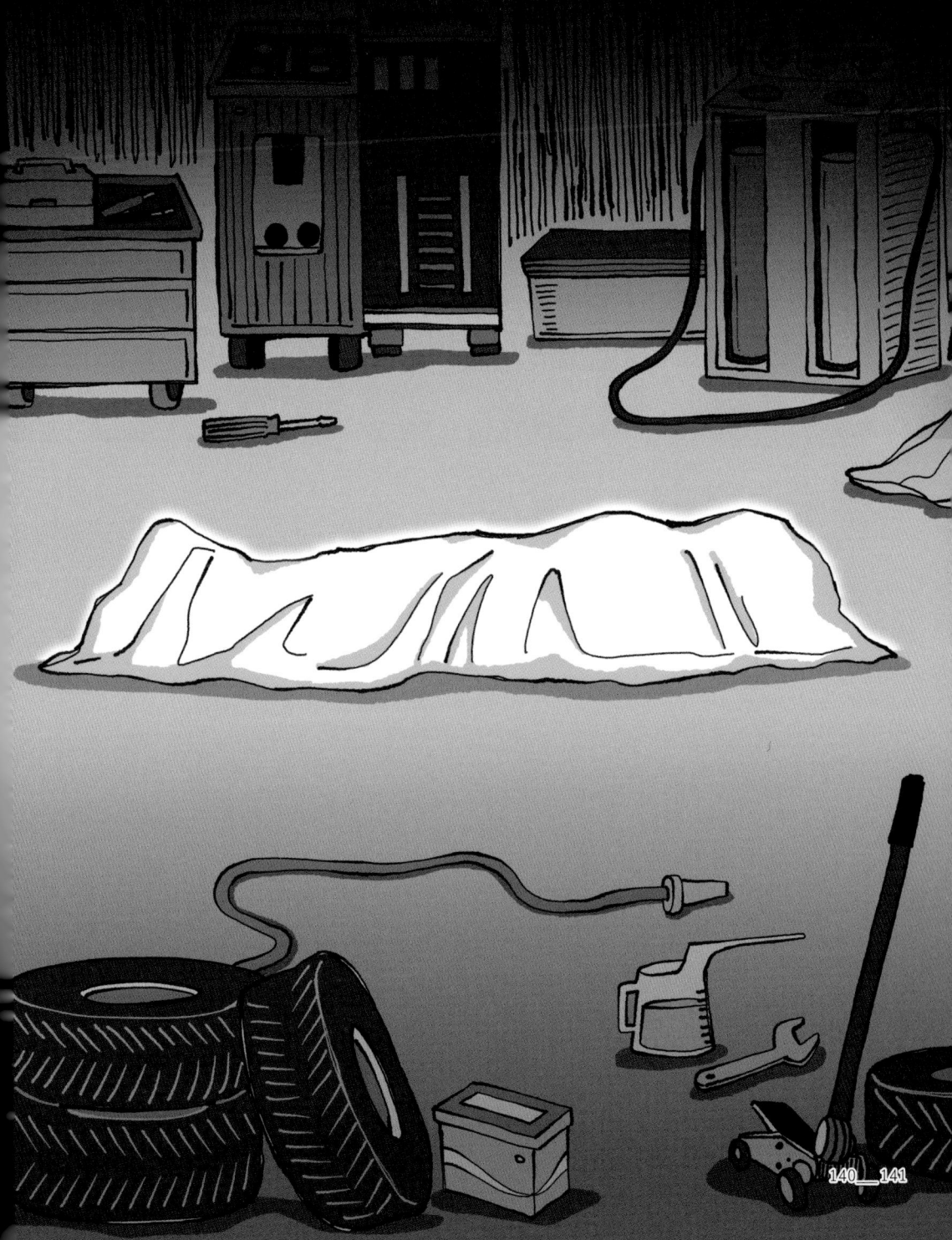

정비소 옆 카페의 주인 '마이클리스'가 이야기한
사건의 정황은 이랬지.

> 오늘 오후 5시쯤 낮잠을 자고 일어났는데,
> 정비소 쪽에서 시끄러운 소리가 들리더군요.
> 그래서 이곳으로 찾아와 보니
> 위층에서는 머틀이 고래고래 소리를 지르고 있었고,
> 윌슨은 끙끙 앓고 있었어요.
> 그의 말로는 머틀을 위층 방에 가둬 놓았다고 했죠.
>
> 나는 걱정스러운 마음에 윌슨을 보살피다가 카페로 잠시 돌아갔는데,
> 7시가 좀 넘은 시간에 다시 이곳에 와 보니
> 윌슨과 머틀이 크게 싸우고 있었어요.
>
> 머틀은 분을 못 이겼는지 고함을 지르고
> 양팔을 흔들면서 도로로 뛰쳐나갔고,
> 그 순간... 차에 치였어요.
>
> 그녀를 친 자동차가 잠시 비틀거린 뒤 어둠 속으로 사라졌을 때,
> 그녀는 이미 죽어 있었죠.

그때, 한 흑인이 경찰관에게 다가와 말했어.
머틀을 치고 간 차는 노란색 새 차였다고 말이야.

그러자 윌슨은 의미심장한 표정으로 그 말을 거들었지.
'어떤 노란 차인지 다 알고 있으니, 굳이 말할 필요 없다'면서 말이야.
다급해진 톰은 윌슨에게 이렇게 말했어.

톰

윌슨, 윌슨, 진정해.
아까 내가 타고 온 노란 차는 내 것이 아니야.
나는 자네가 아까 부탁한 쿠페를 가져다 주려고
그걸 타고 뉴욕에서 오는 길이었다고!
오후 내내 난 그 노란색 차를 보지도 못했어!

경찰관은 톰을 미심쩍은 눈초리로 바라보았지만,
그가 타고 온 차가 푸른색 쿠페라는 걸 확인하고는 의심을 거두었어.

그렇게 우리는 인파를 헤치고 나와 자동차에 올라탔지.
사람들의 눈을 의식하며 줄곧 태연하게 행동하던 톰은
그제야 흐느끼기 시작했어.

톰은 반쯤 정신이 나간 채로
나와 조던을 자신의 저택에 내려 주었어.

그런데, 조던과 헤어져 저택의 정문까지 걸어가는 중에
어디선가 내 이름을 부르는 소리가 들려왔어.
정원의 수풀 속에 숨어 있던 개츠비의 목소리가 말이야!

> 닉, 닉! 길에서 사고 난 것 보았습니까?

> 네. 봤습니다.
> 정비소의 부인 머틀이 죽었더군요.

> 휴, 그럴 줄 알았어요.
> 데이지에게도 그럴 거라고 말해 놓았죠.
> 충격은 한꺼번에 받는 편이 나으니까요.

> 아니, 그럴 줄 알았다고요?
> 그게 무슨 소립니까?

> 데이지가 운전을 하다 사고가 났습니다.
> 물론 내가 했다고 할 거지만요.

> 데이지가 날카로운 마음을 안정시키려고
> 운전을 하던 중에...
> 정비소 앞에서 어떤 여자가 뛰어들었습니다.
> 데이지는 그녀를 치고도 차를 계속 몰았죠.
> 하지만 그건 데이지의 잘못이 아니었습니다.

개츠비는 데이지가 잠드는 걸 확인할 때까지
그녀의 창문 앞에서 기다리겠다고 했어.
마치 신성한 신을 간절히 기다리는 신자처럼 말이야.

그날 밤 나는 지독한 악몽에 시달렸어.
그러다 새벽녘에 개츠비의 저택에 택시가 도착하는 소리를 듣고는
곧장 그곳으로 달려갔지.

그에게 조심하라고 경고해 주어야 할 것 같은데,
아침이 되면 너무 늦을지도 몰랐거든.

그러나 개츠비는 괜찮을 거라고 태연히 말하며
데이지가 어떻게 할 작정인지 알기 전까진
이곳을 떠나지 않을 거라고 했어.

그러면서 그는 내게 데이지를 처음 만나던 순간의
황홀함에 대해 이야기해 주었어.
둘은 진정으로 사랑했으며, 그 마음은 언제까지나 변함없을 거라고 말이야.

나는 동이 틀 때까지 그의 얘기를 들어주고 나오다가
문득 뒤돌아서서 이렇게 말했어.

닉

개츠비, 그 인간들은 썩어 빠진 무리예요.
당신 한 사람은 그 빌어먹을 인간들을
모두 합쳐 놓은 것만큼이나 훌륭하답니다!

그것은 내가 그에게 해 준 처음이자 마지막 찬사였지.
개츠비는 내게 정중하게 고개를 끄덕이고는,
밝은 미소를 지어 보였어.
자신에게 온갖 악소문을 쏟아내던 사람들에게
손을 흔들어 보이던 때처럼

사랑에 대한 끈질긴 꿈을
가슴속에 간직한 채로 말이야.

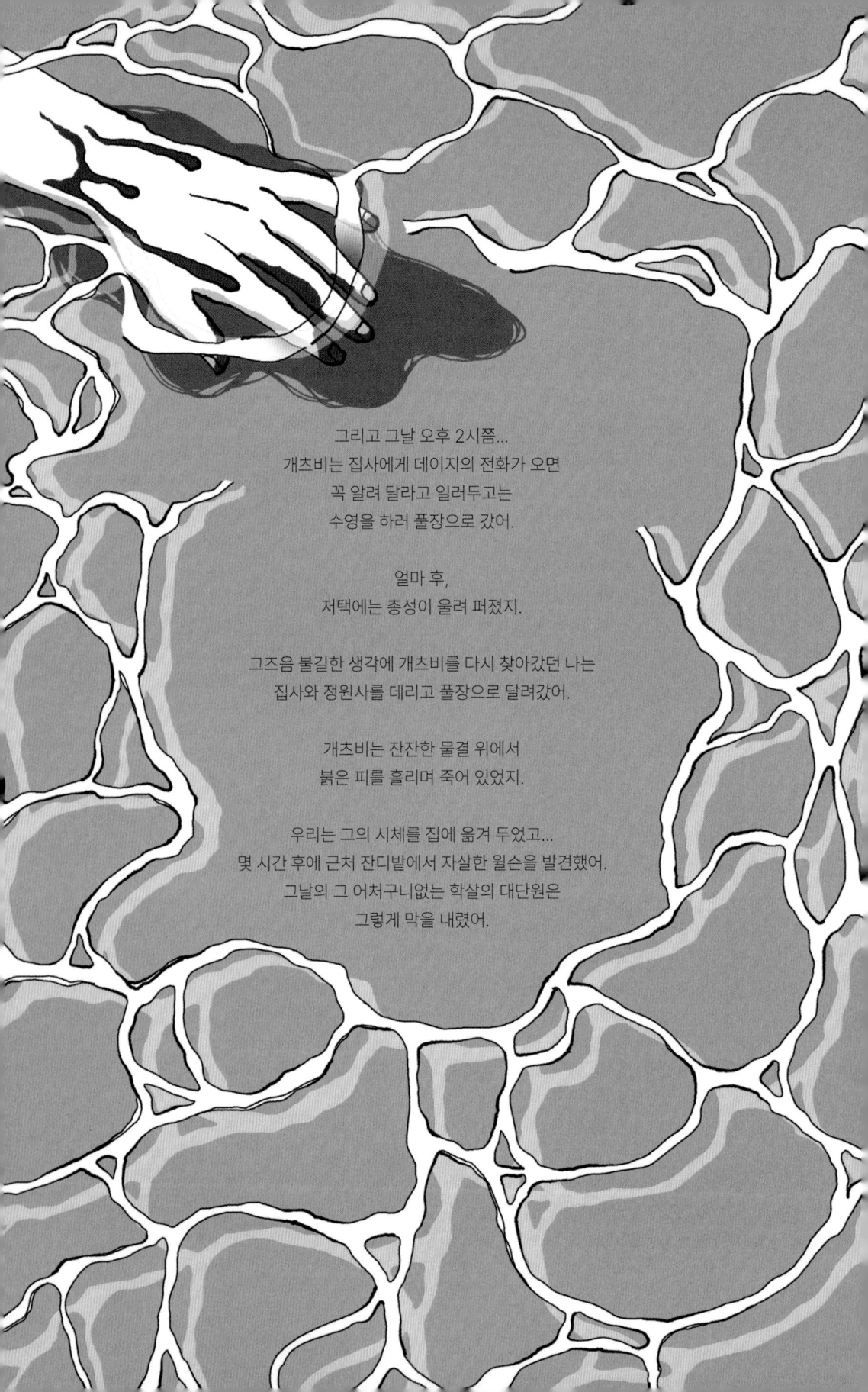

그날 이후, 개츠비의 집에는 경찰들과 기자들이 끊임없이 들락거렸어.
그러나 그의 파티에 왔던 손님들은 코빼기도 보이지 않았고,
그가 그토록 기다렸던 데이지도 찾아오지 않았지.

개츠비의 죽음은 세간의 화젯거리였으나,
먼저 애도를 표해 오는 사람은 한 명도 없었어.
나는 장례식에 올 사람을 찾기 위해 개츠비의 지인들에게 전화를 돌렸지만,
전부 냉담한 반응뿐이었지.

클립스프링어인데요.
아, 개츠비가 죽었다고요?
그것 참 안타깝네요.

그런데 제가 저번 파티 때
거기에 신발을 한 켤레 두고 왔거든요...
그것 좀 챙겨 주실 수 있을까요?

나는 개츠비의 절친한 사업 파트너였던 울프심을 찾아갔으나,
그마저도 '불미스러운 일에 엮일 수는 없다'며 나를 단호하게 돌려 보냈어.

결국 장례식에 참석한 사람은 나와 개츠비의 아버지,
개츠비의 집에서 일하던 집사와 정원사와 운전 기사,
그리고 서재에서 코가 삐뚤어지도록 술을 마시던 한 안경잡이 남자뿐이었지.

나는 개츠비의 대저택을 메꾸었던 그 수많은 사람들에 대한
참을 수 없는 환멸감을 느꼈어.
그리고 그럴수록 개츠비와 한 편이 되었다는
묘한 동질감이 느껴졌어.

개츠비는 그렇게 쓸쓸히 떠났어.
여름이 지나고 가을이 오자, 내 마음속의 외로움과 회의감은 걷잡을 수 없이 커져 갔어.
결국 나는 웨스트에그에서의 생활을 청산하고 서부로 돌아가기로 하고,
남은 기간을 꾸역꾸역 버텨내고 있었어.

그러던 어느 날...
나는 뉴욕의 한 거리에서 우연히 톰을 만났어.

굳이 날 쫓아와 악수를 건네는 그에게 나는
대체 무슨 일이 있었던 거냐고 따지듯이 물었지.
그러자 그는 기가 찬다는 표정으로 이렇게 대답했어.

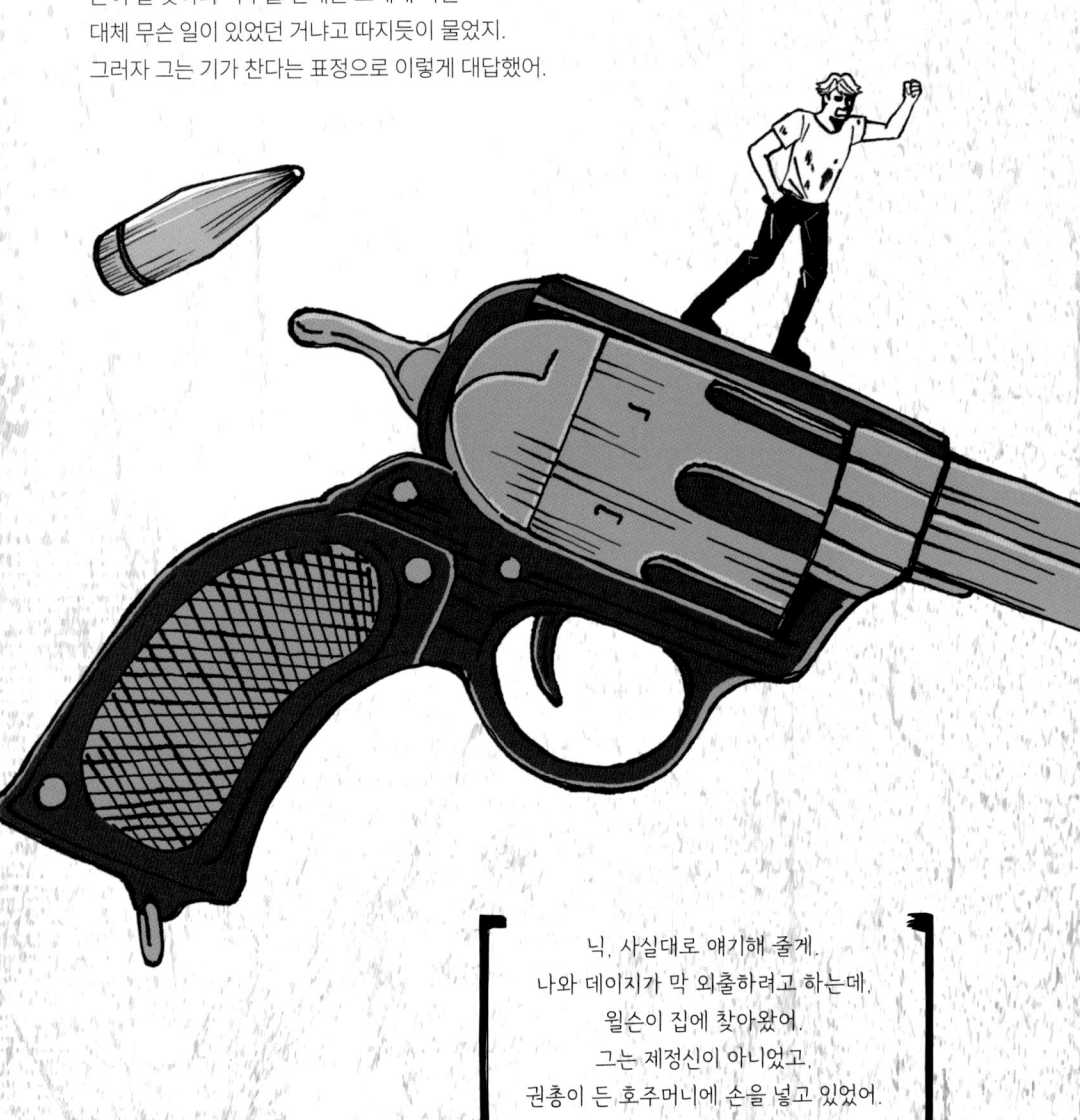

[닉, 사실대로 얘기해 줄게.
나와 데이지가 막 외출하려고 하는데,
윌슨이 집에 찾아왔어.
그는 제정신이 아니었고,
권총이 든 호주머니에 손을 넣고 있었어.
금방이라도 나를 죽이려고 말이야!]

[그런데도 내가 그에게
진실을 말해 준 게 잘못인가?
그건 개츠비의 자업자득이야.
그는 데이지의 눈에 흙을 뿌렸던 것처럼,
자네 눈에도 흙을 뿌린 거라고!]

[그럼에도 자네가 날 나쁜 사람이라고 생각한다면...
이보게, 닉. 난 머틀의 아파트를 정리하러 가서
그녀가 기르던 강아지의 비스킷을 발견하고는
어린애처럼 주저앉아서 엉엉 울었어.
아아... 내게도 그건 너무나 끔찍한 일이었다고...!]

나는 톰을 용서할 수도 좋아할 수도 없었지만,
그가 경솔한 사람이라는 것에는 의심의 여지가 없었어.
그리고 그건 데이지도 마찬가지였지.

그들은 물건이든 사람이든 모두 부숴 버린 뒤,
그 쓰레기를 다른 사람들이 치우도록 했으니까.

톰과 데이지뿐 아니라, 조던도 내 마음에서 완전히 떠나갔어.

나는 웨스트에그에서의 생활을 정리하면서
조던과의 관계에 종지부를 찍기 위해 그녀를 만났어.
그동안 우리 사이에서는 분명 애틋한 감정이 오갔었지만,
그만큼 어색하고 불쾌한 기분이 들 때도 많았었거든.

내가 개츠비의 일로 신경이 곤두서서 그녀와의 만남을 피해서인지,
조던은 잔뜩 화가 나 있는 것 같았어.

나는 마지막까지 거만하고 경솔한 그녀에 대해서
화도 나고, 후회스럽기도 하고, 반쯤은 사랑을 느끼기도 하며
쓸쓸하게 발길을 돌렸어.

그렇게 웨스트에그에서의 마지막 밤이 찾아왔고...
나는 개츠비의 텅 빈 저택에 들렀어.

그가 데이지를 상상하며 바라보았던
바다 너머의 먼 불빛을 다시 한 번 눈에 담으면서,
그가 데이지를 다시 만났을 때 느꼈을 경이감에 대해 생각해 보았지.

그러자 내 마음속에도 조용하고 싱그러운 빛이
서서히 피어나는 느낌이 들었어.

이 부유한 마을의 수많은 이들은
사랑보다 부와 안정을 택했고,
인생의 아름다운 계절은 그렇게 덧없이 흘러가 버렸지만,

개츠비는 그럼에도 끝까지 숨을 죽이며
사랑이라는 위대한 꿈을 품에 안았던 거야.

그가 데이지네 집의 초록색 불빛을 보며 품었던 아름다운 미래는
우리를 피해 갔지만, 별로 문제 될 것은 없어.

우리는 내일 더 빨리 달릴 것이고,
더 멀리 팔을 뻗을 테니까 말이야.

제1차 세계대전이 끝나자 그간 억눌렸던 사람들의 욕구는 자유분방한 재즈 그리고 찰스턴과 같은 광란의 춤으로 표현되었다. 라디오의 대중화 역시 재즈 음악과 춤이 시대를 휩쓸도록 하는 데 일조했다. 대중들은 재즈클럽에 가지 않고도 재즈를 즐길 수 있게 되었으며, 젊은이들은 재즈를 전통문화에 대한 저항으로 여겼다. 이러한 시대 상황에서 피츠제럴드는 《위대한 개츠비》를 통해 자신의 자화상 같은 개츠비에게 '아메리칸 드림'을 투영하고자 했다.

아메리칸 드림

주인공 제이 개츠비는 이상주의자다. 그의 꿈은 5년 전에 자신을 떠난 연인인 데이지를 다시 되찾는 것이다. 개츠비에게 데이지는 모든 것을 다 바쳐 이루려 했던 꿈이자 환상이었다. 어쩌면 종교와도 같은 신상한 무엇이었다. 데이지와 나누었던 순수한 사랑에 대한 기억이 그의 이상으로 자리잡은 것이다. 그래서 가난한 농부의 아들이었던 제임스 캐츠는 스스로 부자 '제이 개츠비'가 되기로 결심한다.

개츠비는 수단과 방법을 가리지 않고 돈을 벌었고, 막대한 재산을 쌓아 올렸다. 금주법(1)이 시행되던 시대에 밀주를 판매했고, 훔친 증권을 팔았으며, 도박에 목숨을 걸었다. 떠나간 연인 데이지를 되찾겠다는 일념 하에 돈 되는 일이라면 무엇에든 손을 댔다.

하지만 불행히도 데이지는 그가 꿈꾸던 '이상'과는 거리가 먼 인물이었다. 톰만큼 경솔했고, 무책임했으며 물질적 욕망에 사로잡혀 있는 인물이었다. 그의 꿈은 망상에 지나지 않았던 것이다. 그 사실을 반증이라도 하듯 개츠비 역시 그 꿈만큼이나 허망한 죽음을 맞는다.

이러한 개츠비의 꿈과 환상은 아메리칸 드림으로 이어진다. 당시 미국은 '이 광활한 신대륙에서는 근면하고 성실하다면 누구나 성공할 수 있다'는 슬로건을 내세웠다. 수많은 이민자들이 그 물질적 성공을 이루기 위해 미국 땅으로 이주했다. 하지만 아메리칸 드림은 말 그대로 '꿈'일 뿐, 결코 현실이 될 수 없었다. 메이플라워호를 타고 신대륙에 정착했던 이들의 정신적 가치는 설 자리를 잃었고, 꿈을 이루려던 사람들은 도리어 꿈을 잃게 되었다. 부두 끝에 있는 등대의 불빛이 처참하게 사그라지듯, 많은 이주민들의 가슴을 설레게 한 아메리칸 드림도 빛을 잃고 만 것이다. 개츠비는 바로 그 변질된 '미국의 꿈'을 상징적으로 보여 주는 인물이다.

---

(1) 술의 제조, 판매·운반·수출입을 금지하는 법으로, 음주 남용으로 인한 사회적 문제를 제거하기 위한 일환이었다.

Crime and Punishment

04

Fyodor Dostoevsky

가난이
만들어낸 명작

도스토옙스키는 평생을 돈에 허덕여 살았다. 가난한 집안에서 태어났고, 형이 죽고 난 후 빚을 떠안았으며, 유가족의 생활비까지 책임져야 했기 때문이다. 그에게 글쓰기는 **예술적 표현의 수단이 아닌 '생계'**였다. 그는 아직 머릿속에만 존재하는 소재를 담보로 원고료를 가불받아 썼고, 이미 동난 원고료를 떼이지 않기 위해 졸속으로 작품을 완성해야 했다. 그는 이러한 연유에서 사람들에게 인기 있는 소재를 찾기 위해 매일 같이 신문을 탐독하기도 했다.

빈곤은 창작의 원동력이 되어주었지만, 그는 가난에서 벗어날 수 없었다. 심각한 도박 중독을 앓고 있었기 때문이다. 그에게 도박은 삶의 돌파구이자 현실의 문제를 타개할 수 있는 해결책이었다. 독일의 한 카지노에서 우연히 1만 프랑이 넘는 현금을 딴 뒤로는 약 8년간은 강박적으로 도박에 매달리기까지 했다. 군 복무 중에도, 소설을 집필하면서도 그는 도박의 수렁에서 헤어 나오지 못했다. 그는 오랜 세월을 도박 빚에 시달렸으며, 그로 인해 여러 차례 감옥을 들락거려야 했다.

그는 녹초가 되어 도박장에서 돌아왔다.
그리고는 내게 돈을 달라고 애원했다.
다시 나갔다가 30분 만에 더욱더 낙망한 모습으로 돈을 가지러 돌아왔다.
이런 일은 우리가 가진 돈을 다 잃을 때까지 계속됐다.
- 도스토옙스키 두 번째 부인의 회고 中 -

표도르 도스토옙스키

1821.11.11. - 1881.02.09.

어느 무더운 여름날 저녁,
한 청년이 거리로 향했어.
그는 멍한 표정으로 알 수 없는 말을 중얼거리더니
건물 안으로 들어섰지.

라스콜리니코프가 이 끔찍하고도 잔인한 살인을 계획한 게 언제냐고?
지금으로부터 약 45일 전의 일이야.

그는 유명 명문대의 법학도였어. 똑똑한데다가 잘생기기까지 했지.
지나치게 이성적이라는 점만 빼면 모자란 구석이 없을 정도였어.

하지만 외모에 어울리지 않을 만큼 남루한 차림새를 하고 다녔어.
지독한 생활고에 시달리고 있었기 때문이야.

라스콜리니코프는 일을 하지 않고 있었어.
홀어머니와 여동생이 보내주는 돈으로 생활했지.
그런데 비싼 등록금을 감당하기에는 돈이 너무 적었어. 그는 결국 휴학을 했고,
생활비가 모두 떨어지자 그는 하는 수 없이 전당포로 향했어.
오래 전 여동생이 선물해 준 금반지가 하나 있었거든.
큰마음 먹고 그 반지를 팔기로 결심한 거야.

반지를 내밀자 전당포 노인은 금반지를 이리저리 살펴봤어.
당연히 라스콜리니코프는 기대에 부풀었지.
반지를 팔아서 받은 돈으로 이것저것 해결할 생각이었으니까.
밀린 방세는 물론이고, 며칠 동안 굶주렸던 배를 채울 생각에 마음이 두근거렸어.
그런데 ...

노인이 건네 준 돈은 기대와 달랐어.
겨우 한 끼 정도 사먹을 수 있는 푼돈이었던 거야. 라스콜리니코프의 표정이 어두워지자,
노인은 반지 상태가 형편없다고 툴툴댔지. 오래 되어 값도 많이 떨어졌고.
라스콜리니코프는 노인의 태도가 부당하다고 생각했어.

순금에 붉은 보석까지 박혀 있는데 이렇게 낮은 가격이 책정되었다는 게 이해가 되지 않았지.
아무리 반지의 상태가 별로라고 해도 말이야. 하지만 그는 항의조차 할 수 없었어.
푼돈이라도 만족해야 할 만큼 가난한 현실에 떠밀리는 처지였으니까.

결국 라스콜리니코프는 푼돈을 받고 나왔어. 그리고 싸구려 음식점으로 향했어.
몸과 마음의 허기를 어떻게든 빨리 달래고 싶었거든.

그의 옆자리에는 청년들 서넛이 앉아 있었어. 자세히 들어보니 누군가의 험담을 늘어놓고 있는 거야.
대화 속 인물은 얼핏 들어도 나쁜 사람 같았어. 지적 장애인인 여동생을 못살게 굴지를 않나,
가난한 사람들의 재산을 착취해서 자신의 배를 불리고 있지를 않나.
라스콜리니코프는 이름도 모르는 사람의 악독함에 치를 떨었지.

> 원래 있는 사람이 더 한다잖아.
> 그나마 그 여자가 인간답게 사는 건 여동생 덕분이지, 뭐.
> 머리가 좀 모자라기는 해도 착하잖아, 정직하고.

> 그럼 뭐 해. 걸핏하면 때리고, 못살게 구는데.
> 고마운 줄도 모르고 말이야.

> 곧 폐병으로 죽을 사람이 왜 그러는지...
> 유산도 여동생이 아니라 수도원에 기부한다며?

> 정말 너무하네. 가난한 사람들
> 피눈물 뽑아서 모은 재산으로 기부라니.
> 세상에 정의라는 게 있기는 한 걸까?

> 그러게나 말이야. 누가 그 노인네 좀 죽이고,
> 필요한 사람들한테 재산을 나눠주면 좋을 텐데.

'누가 전당포 노인을 죽이고, 재산을 나눠줬으면 좋겠다.'
그 청년의 한마디에 라스콜리니코프의 눈이 번쩍 뜨였어.
그 못된 인간이 자신에게 푼돈을 건넨 전당포 노인이었다니.

그 사실을 알게 되자 라스콜리니코프는 강한 살인 충동에 사로잡혔어.
그는 오래 전부터 '초인 사상'에 빠져 있었거든.
세상에는 뉴턴이나 나폴레옹 같은 비범한 사람들이 있고,
그들에게는 세상을 더 나은 방향으로 개조시키기 위해
타인의 희생을 요구할 권리가 있다고 믿었지.
그렇게 라스콜리니코프는 결심했어.

청년들이 말하는
정의로운 영웅이 되어보기로.

다음 날, 라스콜니코프는 다시 전당포를 찾았어.
오래전 아버지가 돌아가시면서 유품으로 남긴 은시계를 내밀었어.
노인은 어제처럼 퉁명스럽게 굴었지.
툴툴거리며 저당 잡은 물건을 금고에 넣고, 돈통에서 지폐를 꺼내어 셌어.
라스콜니코프는 그 모습을 조용히 바라보았어.

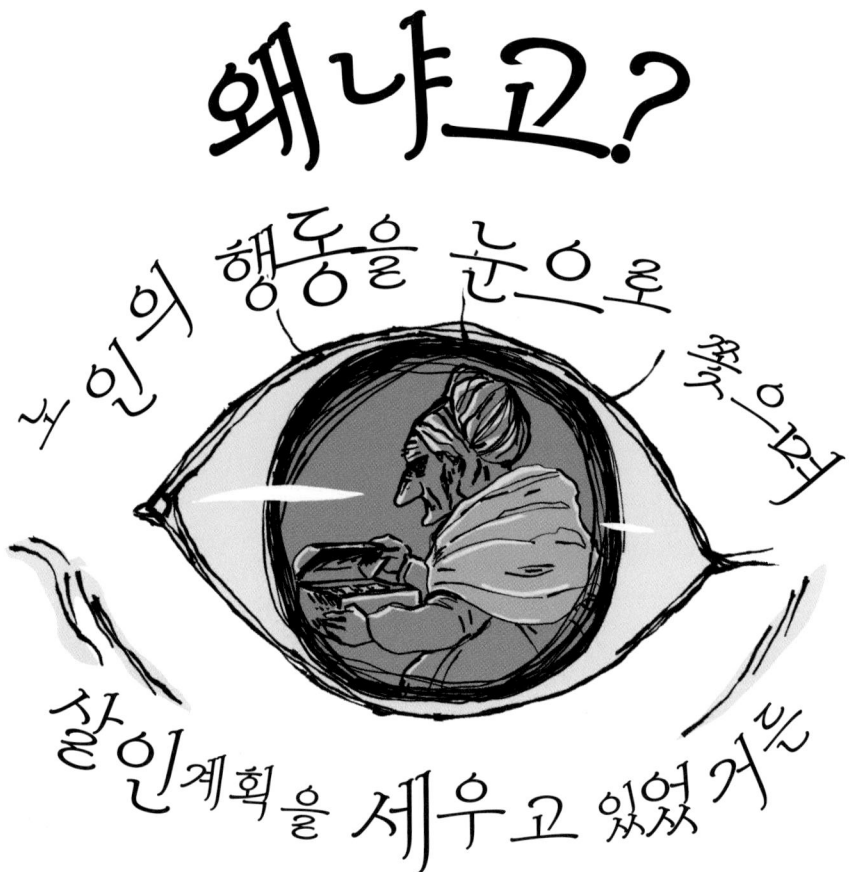

왜냐고?
노인의 행동을 눈으로 쫓으며
살인계획을 세우고 있었거든

일종의 답사를 마친 그는 허름한 술집으로 향했어.
그리고는 머릿속으로 계획을 구체화시키기 시작했지.
바로 가서 죽이면 안 되냐고? 라스콜니코프도 그렇게 하고 싶었어.
왜냐하면 어려울 게 없어 보였거든.
전당포의 구조도 단순했고, 노인의 체력도 약했으니까.
하지만 '사람'을 죽인다는 건 어쨌든 커다란 결단이 필요한 일이잖아?
라스콜니코프는 술잔을 앞에 놓고 떨리는 마음을 다잡았지.

그때, 옆자리에 앉아 있던 한 남자가 그에게 말을 걸어왔어.
그는 바로 하급 관리였던 마르멜라도프.
그는 무능한 자신 때문에 딸이 몸을 팔고 있다며 푸념을 늘어놓았어.
라스콜리니코프는 무성의하게 맞장구를 쳐주었지.

마르멜라도프

가난은 죄악이 아닙니다.
그렇지만 완전히 빈털터리가 되면 말입니다.
맨주먹밖에 없게 되면 그건 죄악입니다.
예고 없는 인원 감축 때문에 먹고 살 길이 막막해졌어요.
그런데도 저는 술에서, 아내는 사치에서 벗어나지 못하고 있죠.
무능한 부모 때문에 네 명이나 되는 자식들은
학대며, 영양실조에 시달리고 있고…

라스콜리니코프

… 아, 네. 그것 참 힘드시겠어요.

마르멜라도프

힘들다마다요. 어린 동생들을 돌보던 우리 큰 딸 소냐는…
몸까지 팔았지 뭡니까. 집주인이 불결한 여자랑은 한 지붕 아래에서
살 수 없다고 난리를 피우는 바람에 결국 쫓겨나서 혼자 살고 있지만…
한 번도 부모를 원망한 적 없는 착한 딸입니다.

라스콜리니코프

정말 심성이 곱네요. 불평할 법도 한데.

마르멜라도프

이따금씩 남들 눈에 띄지 않는 시간에 찾아와서
생활비를 놓고 가요. 그런데도 저는 괴로움을 잊는다는
핑계로 술이나 퍼마시고 있으니…쓰레기가 따로 없죠.
어떤 애비가 자식이 몸을 팔아 벌어다 준 돈으로
술을 사먹겠습니까. 안 그래요?

그렇게 만취한 마르멜라도프를 집에 데려다주고 하숙방으로 돌아왔어.
도착한 집 앞에는 편지 한 통이 와 있었어.
아들에 대한 그리움이 잔뜩 담긴 어머니의 편지였지.

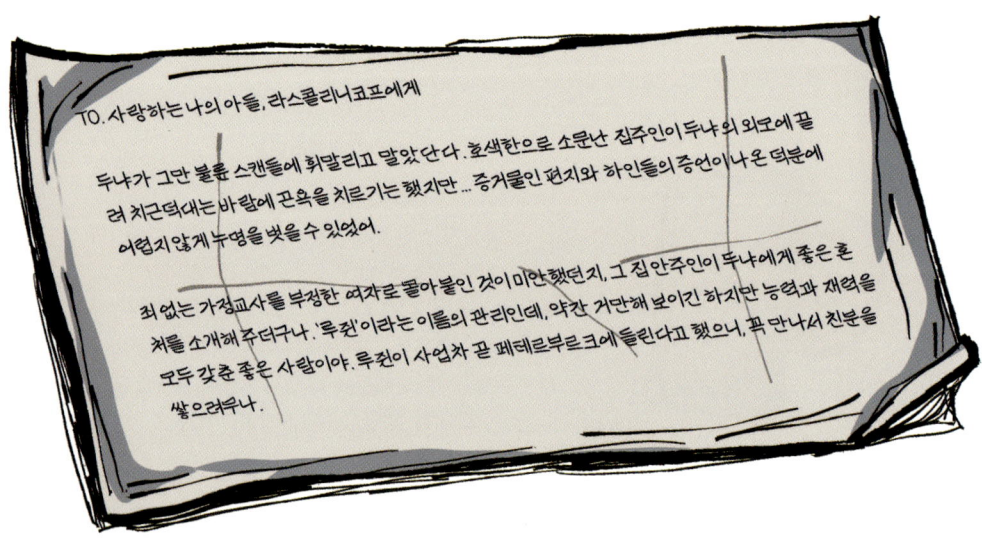

TO. 사랑하는 나의 아들, 라스콜리니코프에게

두냐가 그만 불륜 스캔들에 휘말리고 말았단다. 호색한으로 소문난 집주인이 두냐의 외모에 끌려 치근덕대는 바람에 곤욕을 치르기는 했지만... 증거물인 편지와 하인들의 증언이 나온 덕분에 어렵지 않게 누명을 벗을 수 있었어.

죄없는 가정교사를 부정한 여자로 몰아 붙인 것이 미안했던지, 그 집 안주인이 두냐에게 좋은 혼처를 소개해 주더구나. '루쥔'이라는 이름의 관리인데, 약간 거만해 보이긴 하지만 능력과 재력을 모두 갖춘 좋은 사람이야. 루쥔이 사업차 곧 페테르부르크에 들른다고 했으니, 꼭 만나서 친분을 쌓으려무나.

어머니의 편지를 읽은 라스콜리니코프는 괴로움에 몸서리쳤어.
자신의 딸을 창녀로 만든 마르멜라도프.
그리고 여동생을 부잣집에 팔려가게 만든 자신.
두 사람의 모습이 겹쳐 보였으니까.

라스콜리니코프는 어찌할 수 없는
무력감에 빠져들었어.

그는 거리로 향해 정처 없이 걷기 시작했지.
머릿속이 복잡할 때마다 무작정 걷는 건 그의 오래된 버릇이었거든.
한참을 걷고 있는데, 저 멀리 전당포 노인의 여동생이 보였어.
그녀는 누군가와 대화를 나누고 있었지. 노인의 여동생은 내일 저녁 7시에
만나자고 하더니 손을 흔들었어. 그 대화를 들은 라스콜리니코프는 자신도 모르게 중얼거렸어.

내일 오후 7시
전당포 노인은 혼자 있겠구나.

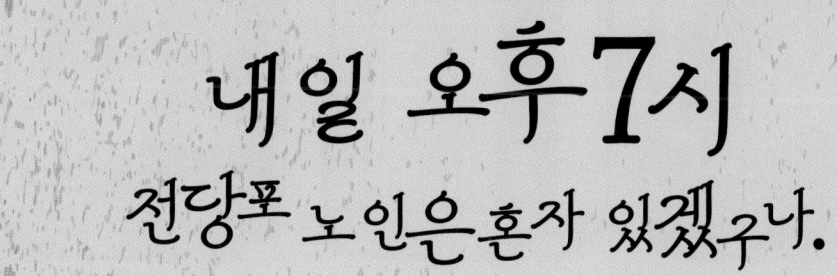

열세 계단을 내려온 라스콜리니코프는
하숙집 수위실에서 몰래 도끼를 훔쳤어.
그는 훔친 도끼를 챙겨 전당포로 느긋하게 걸어갔어.
삐거덕거리는 전당포 계단을 오르자 노인이 보였고,
그는 망설임 없이 노인의 머리통을 내리쳤지.
피가 여기저기 튀고, 살점이 날아갔어.
하지만 라스콜리니코프는 개의치 않았어.
자신이 노인을 죽인 건 세상을 위한 일이나 다름없었으니까.
그는 바닥에 흥건하게 고인 피 웅덩이를 지나쳐
돈통이 있는 곳으로 향했어.
지갑과 금붙이들을 주머니에 쑤셔 넣었지.

그러다 무언가 이상한 낌새에 그대로 굳어 버렸어.
라스콜리니코프는 천천히 뒤를 돌아보았어.

그 곳에는 노인의 여동생이 서 있었어.

그는 생각할 겨를도 없이 여동생의 관자놀이를 부숴 버렸어.
얼떨결에 계획에도 없던 살인을 저지른 거야.
라스콜리니코프는 혼란스러워졌지.
아무런 죄도 없는 사람을 살해한 건 '더 나은 세상'을 만드는 일과 관계가 없었으니까.
그가 할 수 있는 일이라곤 하나뿐이었어.
피 묻은 손과 도끼를 씻으며 정신을 붙잡아두는 일.

하지만 정신을 차리려고 하면 할수록 상황은 점점 더 복잡해졌어.
노인과 거래를 하던 상인 하나가 찾아왔거든.
인기척이 없자 수상하게 여긴 상인은 소리를 치기 시작했어.
상인이 문지기를 부르러 간 사이, 라스콜리니코프는 재빨리 밖으로 빠져나왔어.
때마침 공사 중이라 비어 있던 옆 건물에 숨어 있다가 하숙방으로 돌아왔지.
그는 훔친 돈과 물건들을 찢어진 벽지 사이에 숨겼어.
그제야 라스콜리니코프는 기절하듯 쓰러지고 말았어.
머리털이 바짝 설 정도의 긴장감을 이기지 못하고 말이야.

라스콜리니코프는 악몽을 꾸기 시작했어.
노인을 도끼로 수차례 내려찍었지만 노인은 죽지 않았지.
그를 빤히 바라보며 징그럽게 웃고 있을 뿐.

그렇게 밤새 악몽에 시달리다 이튿날이 되어서야 눈을 떴어.
그는 벽지 속 물건들을 들고 동네 빈터로 향했어.
그리고는 돈과 금괴들을 돌 밑에 묻어 뒀어.
살인 사건의 열기가 가라앉으면 가져다 쓸 생각이었던 거야.
자신의 창창한 미래를 위한 자금으로 말이야.

그런데 돌아와 보니 경찰서에서 독촉장이 날아와 있는 게 아니겠어?
라스콜리니코프는 떨리기 시작했어.
'목격자가 나타난 걸까? 내가 범인인 걸 눈치 챘으면 어떻게 하지?'

복잡한 심경으로 독촉장을 열어 보았어.
다행히도 하숙비를 지급하라는 내용이 적혀 있었지.
몇 달째 하숙비를 내지 못해서 집주인을 피해 다니고 있었거든.
그는 안도의 한숨을 내쉬었어.
적어도 살인을 들킨 건 아니었으니까.

라스콜리니코프는 독촉장을 들고 경찰서로 향했어.
무시했다가는 경찰들이 하숙방으로 들이닥칠 테니 직접 찾아가기로 한 거지.
호랑이 굴에 들어가는 심정으로 말이야.
하지만 경찰서에 들어선 라스콜리니코프는 얼어붙고 말았어.

경찰들이 수군대는 소리. 쳐다보는 시선.
이 모든 게 자신을 향한 것만 같았거든.
라스콜리니코프는 스스로를 계속해서 다그쳤어.
큰일을 하려는 사람이 사소한 일에 겁을 내서는 안 된다고.
라스콜리니코프는 살얼음판을 걷듯 한 발자국씩 내디뎠어.

그러다 일순간 동상처럼 굳어 버렸어.
극도의 긴장감을 견디지 못하고 결국 그 자리에서 졸도해 버린 거야.
라스콜리니코프는 사경을 헤맸어. 한참 뒤 눈을 떴을 때는 친구인 라주미힌이 서 있었지.

라주미힌은 라스콜리니코프의 유일한 친구야. 심성이 착하고 이타적인 사람이었지.
그는 라스콜리니코프가 아프다는 말에 곧장 달려왔어. 그리고 지극정성으로 간호를 해 주었어.
라스콜리니코프가 깨어나자 라주미힌은 말했어.

라주미힌

참, 그 얘기 들었어? 얼마 전에 있었던 전당포 살인 사건 말이야.
저기 빈집에서 공사 중이던 페인트공이 범인이라던데?

라스콜리니코프

... 뭐? 페인트공이?

라주미힌

그래. 딱 봐도 비싸 보이는 금귀걸이를 술집 주인에게 맡겨 놓고
술을 마셨는데, 아무리 봐도 이상해서 술집 주인이 신고를 했다나 봐.
경찰이 찾아와서 귀걸이의 출처를 물었는데 그냥 주웠다고만 했고.
누가 봐도 수상하잖아? 그 자리에서 용의자로 체포됐지, 뭐.

사건 당일, 페인트공은 도망치던 라스콜리니코프가 떨어뜨린 금붙이를 주웠고,
그걸 담보로 술을 사 마시다 그만 범인으로 몰리고 말았던 거야.
라스콜리니코프는 왠지 모를 죄책감이 들었어. 마음 한켠이 무거워졌지.
또 다시 죄 없는 누군가에게 피해를 주고 말았으니까.

그때, 누군가가 라스콜리니코프를 불쑥 찾아왔어.
바로 여동생 두냐의 오만한 약혼자인 루쥔.

가뜩이나 머릿속이 복잡한데 낯선 사람의 방문이 반가울 리가 있겠어?
어머니의 편지에는 거만하긴 해도 좋은 사람이라고 적혀 있었지만,
라스콜리니코프는 알 수 있었어. 루쥔이 얼마나 재수 없는 인간인지 말이야.

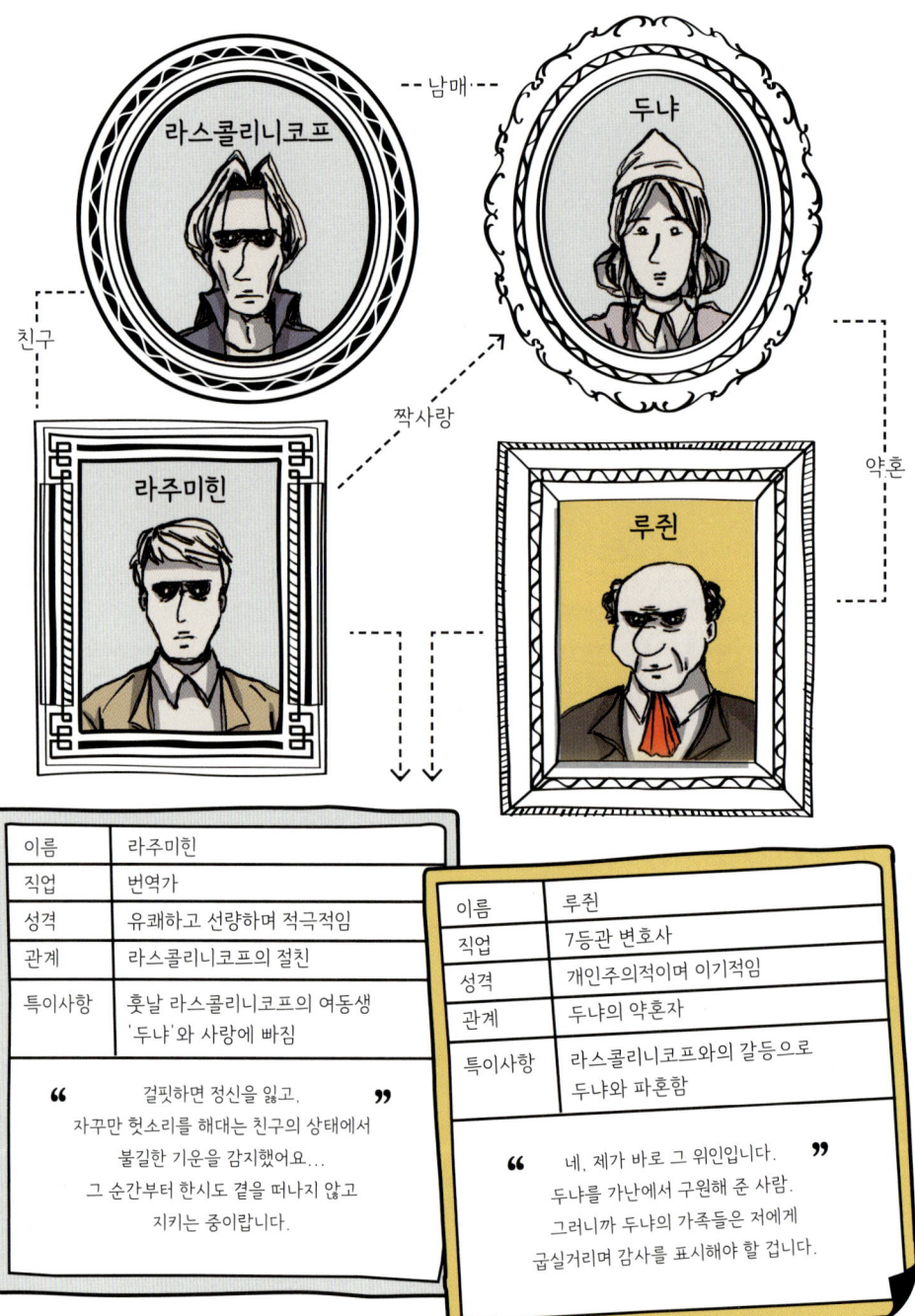

이름	라주미힌
직업	번역가
성격	유쾌하고 선량하며 적극적임
관계	라스콜리니코프의 절친
특이사항	훗날 라스콜리니코프의 여동생 '두냐'와 사랑에 빠짐

" 걸핏하면 정신을 잃고,
자꾸만 헛소리를 해대는 친구의 상태에서
불길한 기운을 감지했어요...
그 순간부터 한시도 곁을 떠나지 않고
지키는 중이랍니다. "

이름	루쥔
직업	7등관 변호사
성격	개인주의적이며 이기적임
관계	두냐의 약혼자
특이사항	라스콜리니코프와의 갈등으로 두냐와 파혼함

" 네, 제가 바로 그 위인입니다.
두냐를 가난에서 구원해 준 사람.
그러니까 두냐의 가족들은 저에게
굽실거리며 감사를 표시해야 할 겁니다. "

라스콜리니코프
군림하려면 가난뱅이 중에서 신부감을 고르는 게
유리하다고 했다던데, 사실입니까?
만약 사실이라면, 당신을 계단에서 확 걷어차 버리겠어!

루쥔
환자라기에 곱게 넘어가 주려고 했는데 감히..!

라스콜리니코프
난 아프지 않아!!

라주미힌
라스콜리니코프, 그만해!

루쥔은 화가 나기 시작했어.
좋은 마음을 먹고 라스콜리니코프를 찾아왔는데 신경질적인 태도를 보였으니까.
일면식도 없는 여동생의 약혼자를 함부로 대하는 것도 불쾌했고.

화를 이기지 못한 루쥔은 자리를 박차고 나갔어.
라스콜리니코프 역시 라주미힌을 집으로 돌려보낸 뒤, 거리로 향했지.

라스콜리니코프는 자신도 모르게 발이 이끄는 곳으로 향했어. 범인은 현장에 다시 돌아온다고들 하잖아? 궁금증을 이기지 못하고 전당포가 있던 건물로 가 본 거지.

그는 빈 건물에서 공사를 하고 있는 인부들에게 다가갔어. 인부들은 그를 미친 사람이라고 생각했지. 초라한 행색에 피골이 상접한 몰골. 누가 봐도 그렇게 생각할 만했으니까.

여기서 혹시... 핏자국 같은 건 못 보셨나요?

뭐? 이거 완전 미친놈 아니야?

인부들에게 쫓겨난 그는 주변을 배회했어. 그러다 사람들이 모여 있는 곳으로 향했지.

사람들이 말하길 한 취객이 휘청대다가 그만 달리는 마차 밑에 깔렸대. 인파를 헤치고 살펴보니까 아는 얼굴이야.

바로 마르멜라도프였어.
그는 가슴이 부서진 채 피로 엉망이 되어 있었지.
라스콜리니코프는 그를 황급히 집으로 옮기고 의사를 불렀어.
그런데 이미 과다출혈을 일으켜서 살릴 수가 없다는 거야.

마르멜라도프가 위독하다는 소식에 소냐가 찾아왔어.
그리고는 신부와 함께 기도를 올리기 시작했지.
어린 자식들도 마르멜라도프의 발밑으로 모여들었어.
그렇게 얼마나 기도를 올렸을까.
숨을 껄떡이던 마르멜라도프는 마지막 힘을 다해 외쳤어.

소냐야,
못난 애비를 용서해다오!

마르멜라도프는 끝내 숨을 거뒀고,
지켜보던 라스콜리니코프는 소냐의 새 엄마에게로 향했어.
그리고는 주머니에 들어 있던 생활비 전부를 꺼내 건네주었지.
어머니와 동생이 보내 준 바로 그 돈을 말이야.
불쌍한 처지에 놓인 소냐와 그의 가족들에게 동정심을 베푼 거지.
살인을 저지른 그에게도 인간적인 면모가 있었으니까.

비참한 죽음을 목격한 뒤,
라스콜리니코프는 혼자 있기 두려워졌어.
그래서 하숙방이 아닌 라주미힌의 집으로 향했지.
라주미힌은 괴로워하는 그에게 다정히 말을 걸어 주었어.
그리고 집까지 바래다주기까지 했지.

그런데 하숙방에 불이 켜져 있는 게 아니겠어?
라스콜리니코프는 조심스레 문을 열었어.
놀랍게도 어머니와 여동생 두냐가 기다리고 있었어.
루쥔과의 결혼을 위해 시골에서 올라온 거야.
세 사람은 기쁜 마음에 서로를 부둥켜안았어.
오랜만에 가족이 상봉하는 자리였으니까.

하지만 재회의 기쁨도 잠시뿐.
세 사람의 표정이 각자 다른 이유로 어두워졌어.

어머니는 수척해진 아들의 얼굴 때문에.
두냐는 오빠가 루쥔을 마음에 들어 하도록 설득할 생각 때문에.
라스콜리니코프는 살인을 저질렀다는 죄책감 때문에.

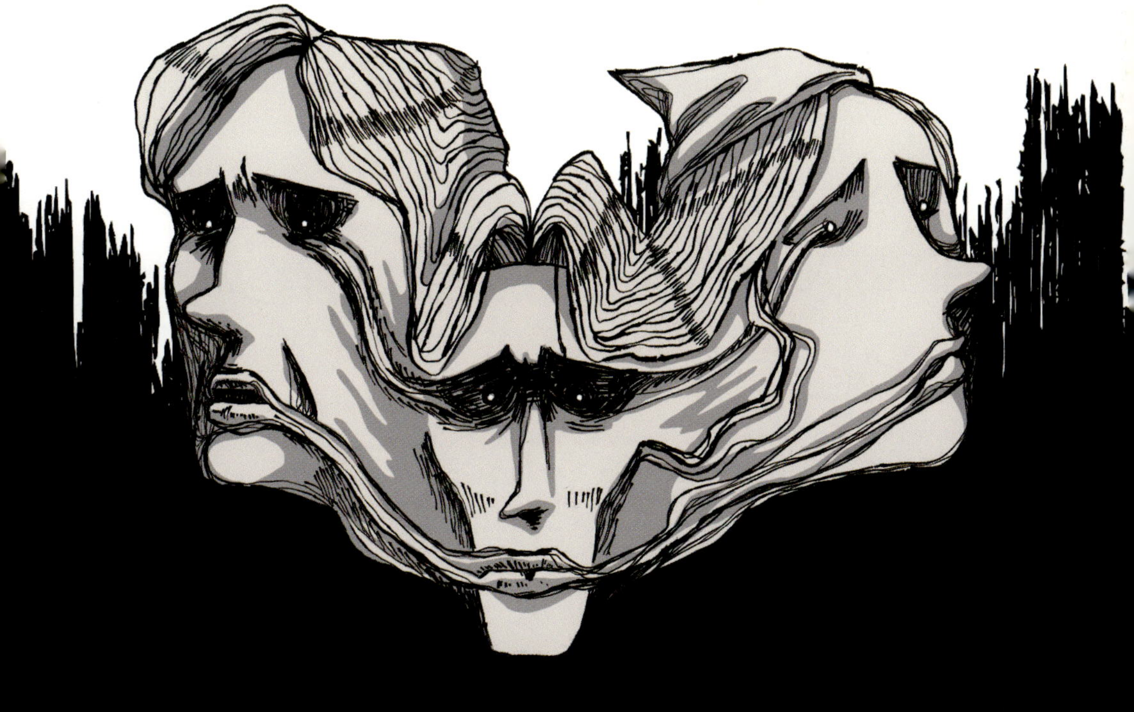

두냐는 오빠에게 용기를 내어 말했어. 아무리 반대해도 루쥔과 반드시 결혼할 거라고 말이야.
그 말을 들은 라스콜리니코프는 화가 벌컥 났어. 그래서 숙소로 돌아가라고 말했지.
어머니와 두냐는 쫓기듯 하숙방을 빠져나왔어.

그들을 돌본 건 다름 아닌 라주미힌이었어. 아름다운 두냐에게 첫눈에 반해 버렸거든.
라스콜리니코프가 라주미힌이 두냐를 좋아한다는 걸 알았냐고? 아니, 그럴 겨를이 없었어.
페인트공이 증거 불충분으로 풀려날 거라는 소식을 들었거든.
게다가 사건에 대한 조사도 점점 빨라지고 있었고,
새로운 담당자로 예심 판사 '포르피리'가 배정되기도 했으니까.

그는 많은 사건들을 해결해 온 노련한 판사였어.
사건을 맡자마자 전당포에 맡겨졌던 물건들부터 조사하기 시작했지.
그 얘기를 들은 라스콜리니코프는 초조해졌어. 금반지와 은시계를 보면
자신을 불러들일 게 뻔하지 않겠어? 한참을 고민하다 결심을 했지.
자신이 먼저 포르피리를 찾아가기로. 포르피리가 어떤 사람인지 알아보고 싶었거든.
동시에 범인이 아니라고 피력하고 싶기도 했고.

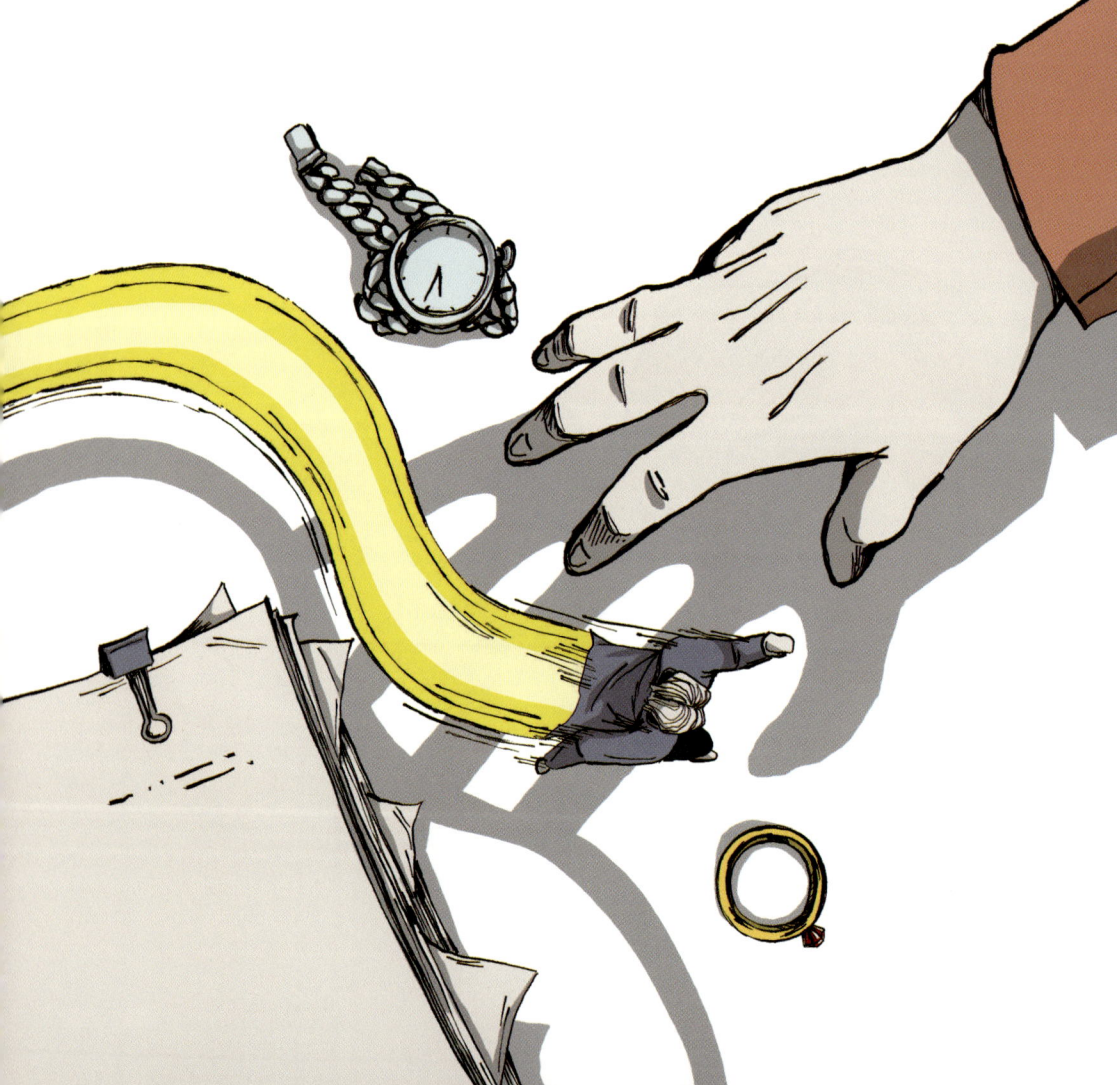

라스콜리니코프는 포르피리의 사무실을 찾았어.
아버지의 유품과 여동생의 반지를 되찾고 싶다며 면담을 요청했지.
하지만 포르피리와 대면하는 순간부터 라스콜리니코프는 깨달았어.
상황을 쥐고 흔드는 건 포르피리라는 사실을 말이야.

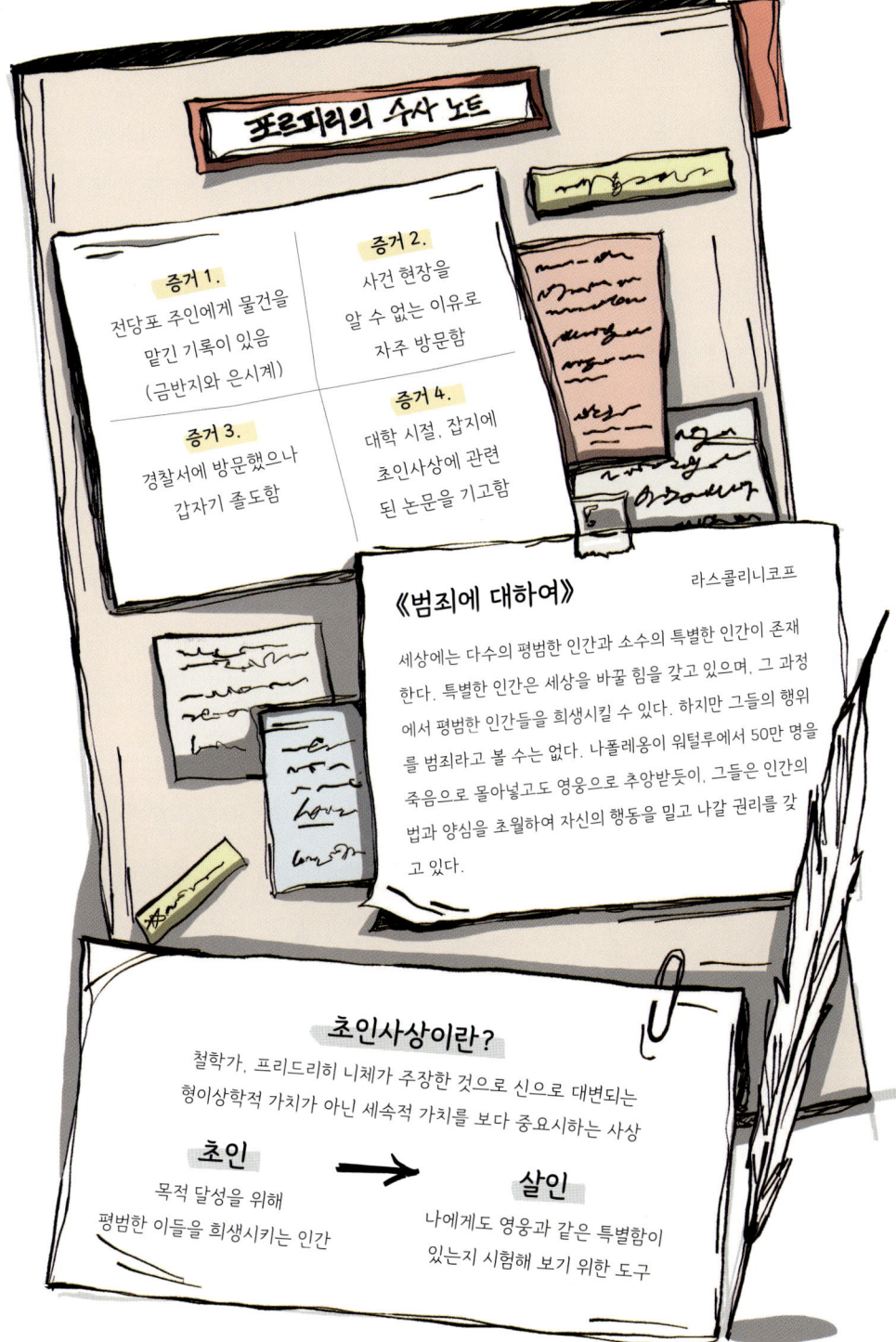

그는 라스콜리니코프의 그간 행적들을 모조리 꿰뚫고 있었거든.
경찰서에서 뜬금없이 기절을 한 것. 사건 현장을 다시 되찾아간 것.
대학생 시절 '범죄'와 관련된 논문을 쓴 것까지.
포르피리가 범죄에 대한 라스콜리니코프의 생각을 물었어.
그는 범죄와 인간 존재에 대한 자신의 생각을 털어놓았어.
짧은 대화를 통해 포르피리는 확신했지.
'역시 이 자가 진범이다.'

그래, 포르피리는 이미 그를 범인으로 의심하고 있었어.
논문과 대화, 그리고 정황들을 통해 유추해낸 거지.
그가 같잖은 영웅놀이에 심취해 있다는 걸.

실제로도 라스콜리니코프는 영웅담에 깊이 빠져 있었어.
가난한 현실로부터 도망칠 수 있는 유일한 길이었거든.
세상을 바꾼 영웅들의 이야기에 몰두하다 결론을 내린 거지.
나폴레옹이 살인자가 아닌 위인이 된 이유는 그가 세상을 바꿔 놓았기 때문이라고.
자신도 나폴레옹처럼 '비범'해질 수 있다고 말이야.

누가 나폴레옹에게
　　　　살인죄를 물었던가?
　　그는 사상 최대의 살인자인데도
　　사람들은 그를 영웅으로
　　　　존경하고 있지 않은가?

하지만 당연하게도 그는 특별한 존재가 아니었어.
그가 신봉하던 영웅들과 달리 죄책감에 시달렸으니까.
겨우 '벌레 같은' 전당포 노인을 죽였을 뿐인데도.
죄책감과 스스로의 나약함에 대한 실망감이 그를 괴롭혔지.
라스콜리니코프는 포르피리와의 면담을 마치고 나왔어.
그리고는 곧장 알 수 없는 불안감에 시달렸지.
포르피리가 자신을 의심하고 있다는 것을 눈치챘거든.
살인을 저지르던 그날처럼 알 수 없는 말만 중얼거렸어.
최면 같은 말로 자신의 범죄를 정당화하면서.

라스콜리니코프는 하숙방으로 돌아왔어.
그 앞에는 어머니와 두냐가 기다리고 있었지.
루쥔과의 상견례 자리에 참석해 달라 부탁하려고 온 거야.
라스콜리니코프는 알았다며 고개를 끄덕였어.
대신 조건 하나를 덧붙였지.
그를 돌봐 줄 수 있는 라주미힌도 함께 참석할 것.

그렇게 두 사람이 상견례 자리에 얼굴을 비췄어.
루쥔은 불편한 기색을 감추지 못했지.
두냐가 자신의 말을 거스르는 것 같아 심기가 불편했거든.
그는 노골적으로 불만을 표시했어.
급기야 라스콜리니코프의 체면을 깎아내리기 시작했지.
가족들이 힘들게 보낸 생활비를 이름 모를 창녀에게 줘 버렸다고.

라스콜리니코프가 잠자코 듣고 있었을까?
아니, 그도 루쥔의 자존심을 잔뜩 긁어놓았어.
불쌍한 여인의 새끼손가락에도 못 미치는 비열한 인간이라면서.
창녀와 자신을 비교하자 루쥔은 화가 났어.
끝내 그는 두냐에게 라스콜리니코프와의 연을 끊지 않으면 파혼하겠다고 협박했어.
비렁뱅이 오빠인지, 명망 있고 유복한 자신인지 양자택일하라는 말까지 했지.

두냐는 그제야 깨달았어.

루쥔은 자신을 진정으로 사랑했던 게 아니었어.
가난을 볼모 삼아 휘두르고 싶어 했던 거야.

두냐는 자신을 복종시키려 드는 루쥔에게 맞섰어.
그의 천박한 언행을 도저히 참아 줄 수가 없었거든.
그렇게 상견례 자리는 결국 파혼으로 끝을 맺고 말았어.

크게 상심한 두냐와 어머니는 다시금 시골로 내려갈 생각이었어.
하지만 라주미힌이 황급히 만류했지.
자신과 함께 출판업을 하며 이 도시에서 살자고 설득했어.

멀찍이 떨어져 있던 라스콜리니코프는 뒤늦게 눈치챌 수 있었어.
라주미힌과 두냐 사이에 흐르는 다정한 기류를.
라스콜리니코프는 라주미힌에게 조심스레 다가갔어.
그리고는 어머니와 두냐를 잘 보살펴 달라고 말했어.
도움이 필요하면 언제든지 찾아오라고 당부했지.
그렇게 라스콜리니코프는 조용히 자리를 떠났어.

가족들 곁을 떠나온 라스콜리니코프는 낡은 건물로 향했어. 바로 소냐의 집.
오래 전 술을 마시면서 마르멜라도프에게 전해 들었거든. 이 곳에 소냐가 머무르고 있다고.
갑작스러운 방문에도 소냐는 반갑게 맞이해 주었어.
추도식 날짜를 알리기 위해 하숙방에 방문했을 때 알게 됐거든.
그가 가난한 처지임에도 불구하고 자신들을 도와주었다는 걸.
소냐는 라스콜리니코프에게 깊은 감사를 느끼고 있었지.
두 사람은 좁고 낡은 방 안에서 이야기를 나누었어. 라스콜리니코프는 순간 묘한 기분에 휩싸였어.
소냐의 처지가 자신과 비슷하게 느껴졌기 때문이야. 하지만 한편으로는 신기하고 대단하기도 했지.
소냐는 타인을 위해 망설임 없이 희생했으니까. 라스콜리니코프는 소냐가
안쓰러우면서도 성스럽게 느껴졌어. 그래서 자신의 죄를 고백하고 싶은 충동을 느꼈지.
한참을 망설이던 그는 결국 입 밖으로 내뱉고 말았어.
'전당포 노인 살인 사건'의 진범이 자신임을 암시하는 듯한 말을.

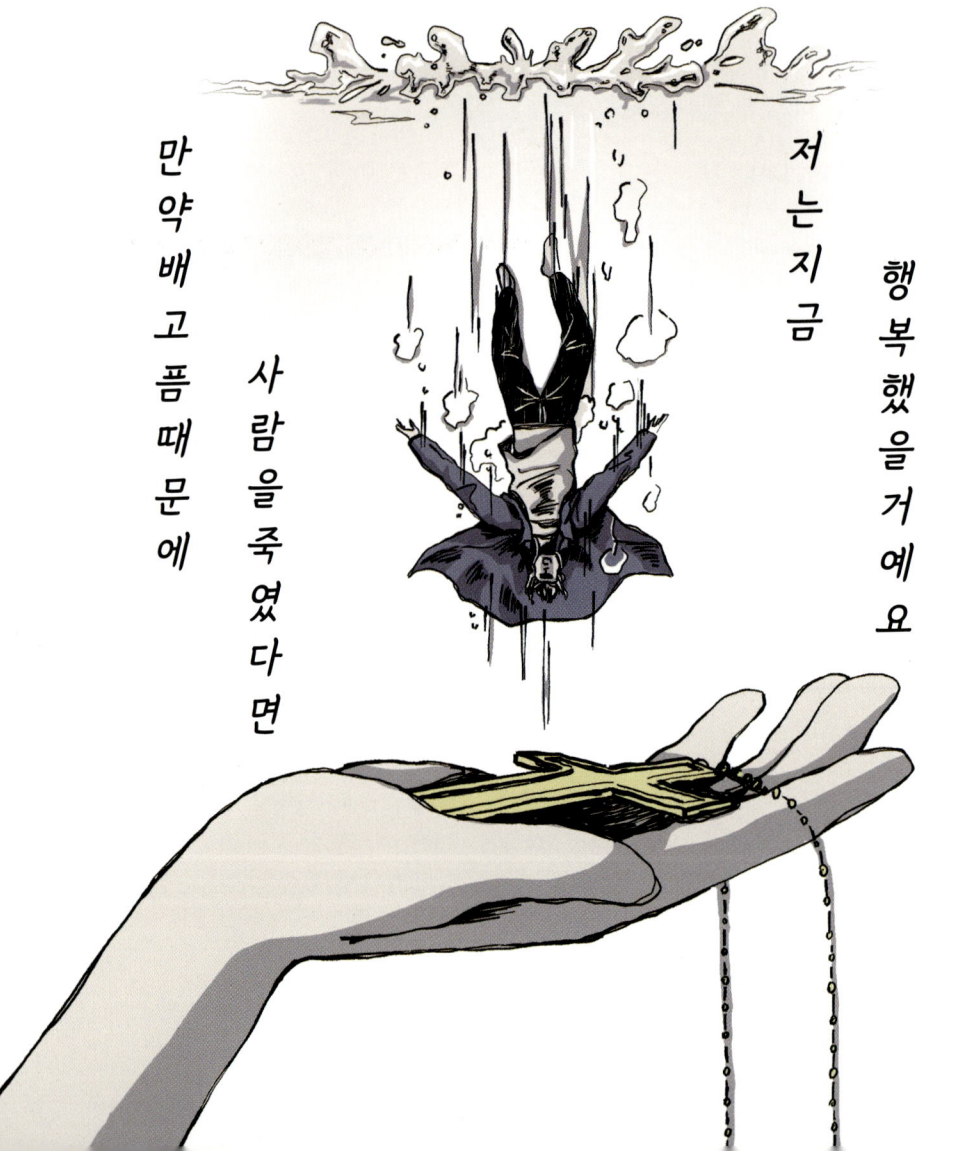

만약 배고픔 때문에 사람을 죽였다면 저는 지금 행복했을 거예요

다음 날, 다시 포르피리의 사무실을 찾았어.

자수할 용기가 생긴 건 아니었어.
다만 최악의 경우 체포될 수도 있다는
각오 정도는 마친 상태였지.

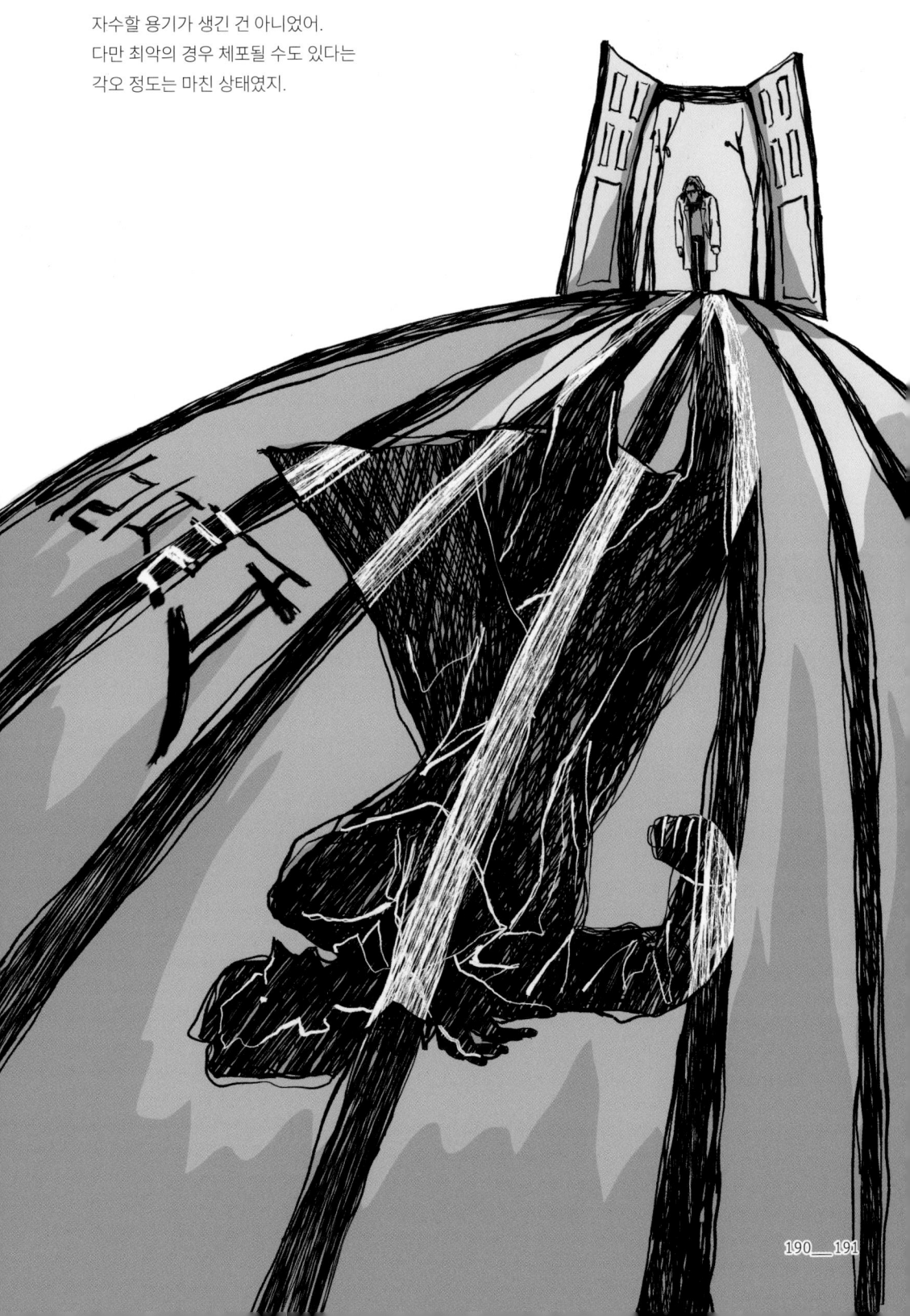

선생의 논문을 읽어 봤는데 주장이 뭐랄까, 너무 장난스러워서 말입니다. 설마 이 글을 쓰실 때 스스로를 '비범한 사람'이라고 생각하신 건 아니겠죠?

오, 그렇다면... 비범한 인물이 되기 위해 장애물을 뛰어넘어야겠다고 생각하신 적도 있습니까? 예를 들면 살인이나 강도 같은...

하긴, 저 같아도 확실한 증거를 가지고 있다고 범인에게 말해 주지 않을 겁니다. 체포하지도, 괴롭히지도 않되 대신 이쪽에서 모든 것을 속속들이 알고 있다는 사실만 알려 주면 영원한 의심과 공포의 덫에 걸려 제 발로 찾아올 테니까요.

자신의 재치에 몰입한 청년들 말입니다. 거짓말은 더할 나위 없이 잘하는데, 딱 한 가지. 자기 천성을 생각하지 못해서, 살인 후에 꼭 기절합디다. 자기 꾀에 넘어가는 격이죠, 뭐.

워워, 진정하세요. 친애하는 선생! 계속 이러시다가는 스스로 미치고 말 겁니다. 아무래도 병원에 가서 상담을 좀 받아 보시는 게 좋겠네요.

설마 극단적인 선택을 할 셈은 아니겠죠? 생명은 소중한 것이랍니다, 라스콜리니코프 선생. 그러니 죽음 대신 자수를 택하는 편이 현명할 거예요.

... 뭐, 충분히 그랬을 수도 있죠.

글쎄요. 만약 그렇게 뛰어넘었다고 한들, 당신에게 말하지는 않겠죠.

분노가 치밀지만 참아야지... 차라리 아무런 말도 하지 않는 게 더 낫겠어. 침묵함으로써 오히려 저쪽이 말실수를 하도록 유도할 수도 있으니까...

제가 의심스러우신 건가요? 그렇다면 차라리 추궁하고 체포하시죠! 비웃고 괴롭히는 것은 용납할 수 없으니까요.

미치겠네, 그냥 콱 죽어 버릴까...

각오에도 불구하고 라스콜리니코프는 정신적 압박을 느꼈어.
노련한 포르피리가 그의 목을 서서히 죄어오기 시작했거든.
날카로운 심문에 라스콜리니코프는 애써 태연한 척했어.
하지만 누구라도 알 수 있었어. 라스콜리니코프는 이미 공황 상태에 빠졌다는 걸.
포르피리는 코너에 몰린 라스콜리니코프를 계속해서 자극했어.
라스콜리니코프는 지칠 대로 지쳐버렸어.
그가 마침내 자신의 죄를 시인하려던 바로 그 순간.

신의 장난과도 같은 일이 벌어지고 말았어.
얼마 전 용의자로 체포되었던 페인트공이 자수를 한 거야.
그럼에도 불구하고 포르피리는 라스콜리니코프에 대한 의심을 풀기는커녕
범인임을 확신했어. 독자적인 수사를 이어 가기로 마음먹었지.

라스콜리니코프는 그러한 낌새를 눈치채면서도 이 상황을 어떻게 판단해야 할지 헷갈렸어.
엄청난 행운인 것 같기도, 용서받을 기회를 놓친 것 같기도 했으니까.

저 노련한 예심 판사의 심문에 하마터면 넘어갈 뻔했어...
페인트공이 자수를 했으니 사건은 곧 종결되겠지?
다행이다. 이제 더는 초조해할 필요 따위 없겠어.

스스로가 너무 환멸스러워...
내가 정말 특별한 인간이었다면
이런 약해 빠진 안도감 따위는
느끼지 않았을 텐데...

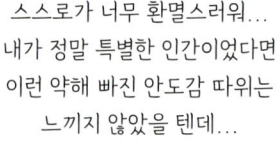

혼란스러워하던 라스콜니코프는 급히 걸음을 옮겼어.
오늘이 바로 마르멜라도프의 추도식이 열리는 날이었기 때문이야.
그런 라스콜니코프를 지켜보고 있는 이가 있었으니…
바로 두냐에게 치근덕거렸던 집주인, 스비드리가일로프.
그는 얼마 전부터 라스콜니코프를 집요하게 따라다니고 있었어.
여전히 두냐에게서 미련을 버리지 못하고 있었거든.

그는 라스콜니코프가 루쥔을 탐탁지 않아 한다는 사실을 알아챘어.
그래서 돈을 주며 설득했지.
죽은 아내가 두냐와 루쥔을 만나게 해 준 것이니, 자신이 바로 잡겠다고.
하지만 라스콜니코프는 그의 제안을 단숨에 거절했어.
도박꾼에 바람둥이인 스비드리가일로프가 두냐를 만나는 것이 싫었거든.

그럼에도 불구하고 스비드리가일로프는 포기하지 않았지.
작고, 낡은 숙소에서 묵으며 두냐를 만날 기회만 호시탐탐 노리고 있었어.
그러다 옆방에 묵고 있는 소냐와 라스콜리니코프의 대화를 우연히 듣게 됐어.
그는 그 대화를 통해 라스콜리니코프가 살인범이라는 사실까지 유추해낼 수 있었지.

라스콜리니코프가 사람을 죽였다고?
저 사람이 전당포 노인을 죽인
진범이라고 어쩐지 좀
행동이 수상하다 싶
더라니 소름끼치는
비밀을 품고 있어서
그랬던 거 였군 그래
이 약점을 빌미삼아서
두냐를 협박 하는 거야
자기 오빠가 살인자라는 걸
알게 되면 나에게 매달릴 거야
자신의 삶을 구원 해 줄 유일
한 사람이 나라고 생각할 거야.

라스콜리니코프의 비밀을 알아낸 스비드리가일로프는 익명의 쪽지를 보내
두냐를 자신이 묵고 있던 낡은 숙소로 불렀지. 그리고는 두냐를 협박하기 시작했어.
오빠를 살리고 싶다면 자신과 함께 외국으로 도망가는 수밖에 없다고 말이야.

실제로도 포르피리의 수사가 진행 중인 탓에
라스콜리니코프가 체포되는 건 시간문제나 다름없었고.
그럼에도 불구하고 두냐는 눈 하나 깜짝하지 않았어.
그동안 모르는 체 했지만 실은 알고 있었거든.
그의 아내인 미르파 부인을 죽게 만든 게 저 자라는 사실을.
두냐는 듣기 싫다며 방문 앞으로 향했어.
하지만 한 발자국도 더 앞으로 나아갈 수가 없었지.
방문이 굳게 걸어 잠긴 뒤였거든.
두냐는 방에서 빠져나가기 위해 안간힘을 썼어.
그러다 잔뜩 겁에 질린 채 비상용으로 들고 왔던 총을 빼들었지.

세 개의 총알 중 하나가
스비드리가일로프의 관자놀이를 스쳤어.
두냐는 망설이지 않고 또다시 방아쇠를 당겼지.
스비드리가일로프는 두 눈을 질끈 감았어.
이번에야말로 총알이 자신의 심장을 관통할 것 같았으니까.
한참을 숨죽인 채 기다려 봐도 날카로운 총성은 울리지 않았어.
대신 틱틱, 거리는 마찰음과 두냐의 울음소리만 들려올 뿐이었지.
그만 총이 고장나 버린 거야.

스비드리가일로프는 당황한 두냐를 억지로 품에 안았어.
두냐가 가만히 있었을까? 아니, 두냐는 끝까지 저항했어.
그의 품을 빠져나오기 위해 멈추지 않고 몸부림쳤지.
스비드리가일로프는 결국 하는 수 없이 그녀를 놓아 주었어.
어떻게 해도 두냐의 마음을 사로잡을 수 없다는 걸 깨달은 거야.
망연자실한 그는 마지못해 열쇠를 건네 주었어.
두냐는 헐레벌떡 현장을 벗어났지. 딱 한 발이 남은 총을 남겨 두고.
그날 밤, 비에 젖은 낡은 모텔에서는 총성이 울려 퍼졌어.

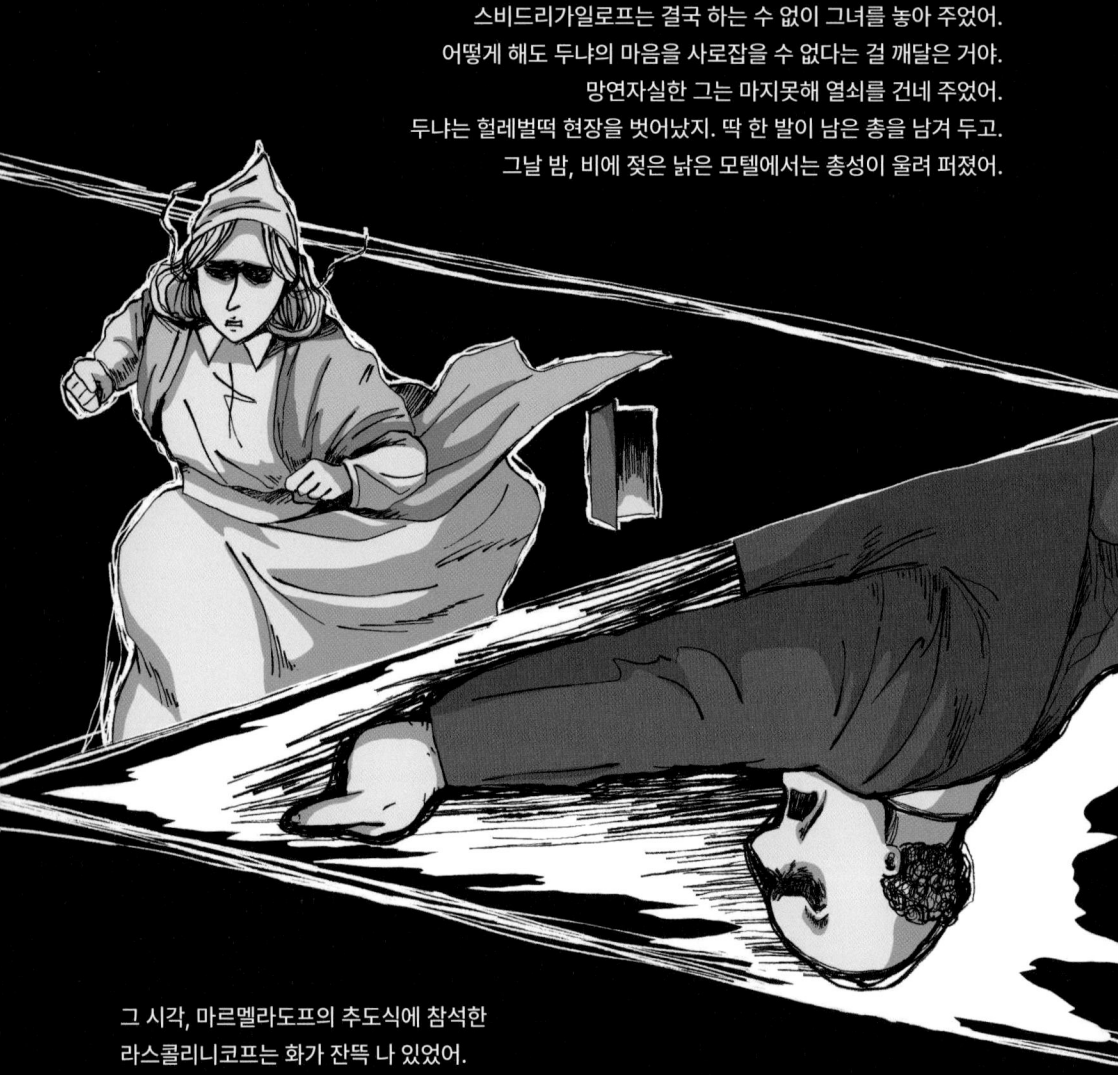

그 시각, 마르멜라도프의 추도식에 참석한
라스콜리니코프는 화가 잔뜩 나 있었어.
루쥔이 소냐가 자신의 돈을 훔쳐갔다며 방방 뛰고 있었거든.
그는 소냐에게 몸을 파는 주제에 손버릇까지 좋지 않다며 비난을 퍼부었어.
그러자 소냐는 억울하다며 손사래를 쳤지.
소냐가 결백을 증명해 보이기 위해 주머니를 뒤집는 순간.
놀랍게도 100루블짜리 지폐가 바닥으로 뚝 떨어졌어.
추도식장은 일순간 고요하게 변해 버렸어.
루쥔 홀로 더욱 자신만만하게 큰소리를 쳐댔고.
자신을 죽일 듯이 노려보는 라스콜리니코프의 시선에도 개의치 않고 말이야.
루쥔의 목소리가 커질수록 사람들의 마음도 동요되었어.
처음에는 아닐 거라고 생각하던 사람들도 이제는 소냐에게 손가락질을 하기 시작했지.

추도식장에 있는 모두가 한마음 한뜻으로 소냐를 비난하기 시작할 무렵.
한 청년이 허겁지겁 달려왔어. 그의 이름은 안드레이. 평소 소냐와 알고 지내던 친구 사이였어.
안드레이는 숨도 채 고르지 못하고 다급하게 소리쳤지.
루쥔이 소냐의 주머니에 지폐를 넣는 장면을 목격했다고 말이야. 안드레이의 증언은 사실이었어.
루쥔은 라스콜리니코프에게 앙심을 품고 있었어. 그 때문에 두냐와 파혼을 한 거라고 생각했거든.
그래서 라스콜리니코프가 아끼는 소냐를 이용해 복수를 계획한 거야.

루쥔은 같은 건물에 사는 안드레이로부터 추도식 소식을 전해 들었어.
평소 안드레이가 소냐와 가깝게 지낸다는 말에 후원을 미끼로 소냐를 불러들였지.
그리고는 소냐 주머니에 몰래 지폐를 집어넣었어.
안드레이는 그 장면을 목격했지만 차마 아는 체하지 못했지.
루쥔이 남몰래 선행을 베풀고 있다고 착각했으니까.

안드레이의 증언에 추도식장은 순식간에 엉망으로 변해 버렸어.
소냐를 향했던 비난의 손가락이 루쥔을 향하기 시작한 거야.
사람들은 저마다 루쥔에게 한마디씩 퍼붓기 시작했어.

심지어는 달려와서 멱살을 잡거나 빈 술병을 던지는 사람도 있었지.
이 모든 상황을 지켜보던 소냐는 참담한 표정으로 자리를 떠났어.
가족들을 위해 희생한 것뿐인데 도둑으로 의심까지 받게 될 줄은 몰랐거든.
자신 때문에 아버지를 떠나보내는 자리가 소란스러워진 것 같아 죄스럽기도 했고.
라스콜리니코프는 본능적으로 그녀의 뒤를 쫓아갔어.

그리고는 말했지.
루쥔처럼 벌레 같은 인간은 살아 있을 가치가 없다고 말이야.
루쥔은 더 나은 세상을 만드는 데 방해만 되는 사람이었으니까.
전당포 노인처럼 욕심 때문에 다른 사람에게 피해를 입혔으니 죽어 마땅하다고 생각했고.
하지만 소냐는 사람을 죽인다고 해서 달라지는 일은 없다며 고개를 저었어.
이 세상에 나쁜 심성을 가진 사람이 루쥔 한 명뿐인 건 아니잖아?
누군가를 죽여도 '악'은 뿌리 뽑히지 않는다는 걸, 소냐는 알고 있었던 거지.
소냐의 말을 듣던 라스콜리니코프는 그녀 앞에 가만히 무릎을 꿇었어.
그리고는 발등에 입을 맞췄지. 마치 신에게 자신의 죄를 속죄하는 것처럼.

라스콜리니코프

정말 루쥔 같은 인간도
살아 있을 가치가 있다고 생각해요?
저렇게나 비열한데?

소냐

… 나쁜 사람이라는 건 저도 알아요.
하지만 저에게 다른 인간을
심판할 수 있는 권리 같은 건 없어요.

라스콜리니코프

권리가 왜 없어요? 저런 놈들 때문에
당신 같은 선량한 사람이 고통받고 있는데!
루쥔은 그야말로 죽어 마땅한 해충 같은 사람이라고요.

소냐

루쥔을 죽인다고 뭐가 달라질까요?
그런 건 구원이 될 수 없어요.
유일한 구원은 양심을 지키는 것뿐이에요.

라스콜리니코프

당신에게 무릎을 꿇은 게 아닙니다.
인류의 모든 고통 앞에 무릎을 꿇은 거예요.

라스콜리니코프는 소냐 앞에 모든 것을 내려놓고 고백하기 시작했어.
전당포 노인과 그녀의 여동생을 죽인 사람이 바로 자신이라고.
돈도, 대의도 아닌 자신의 특별함을 시험해 보기 위해 저지른 행동이었다고 말이야.

라스콜리니코프의 말에 소냐는 큰 충격을 받았어.
선량한 청년이라고 여겼던 그가 두 명씩이나 도끼로 쳐죽인 살인범이었다니.

소냐는 당혹스러움과 혼란스러움을 금치 못했어. 하지만 이내 동정심이 들었지.
그리스도적 사랑을 충분히 경험하지 못한 그가 안쓰럽기도 했고.
소냐는 라스콜리니코프를 꼭 껴안아 주었어.
용서받기 위해서는 스스로 죄를 고백해야 한다고 설득했지.
죄를 뉘우치고 싶어질 때 다시 찾아오면 징표를 주겠노라 약속까지 했고.

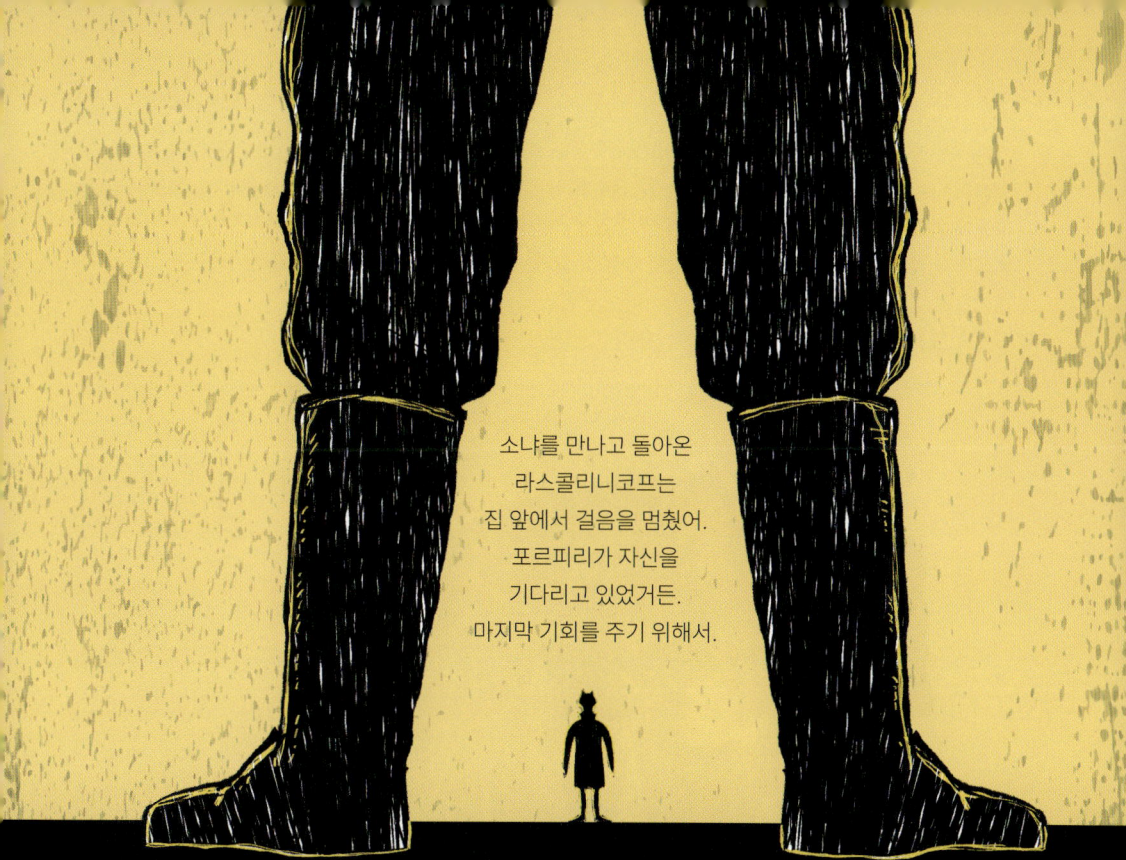

포르피리

비록 페인트공이 범행을 인정하긴 했지만…
저는 알고 있습니다. 선생이 범인이라는 사실을요.
그러니까 더 늦기 전에 자수하시죠.

라스콜리니코프

무슨 말씀이신지 전혀 모르겠는데요.

포르피리

죄를 짓지도 않은 사람이 왜 자백을 했겠습니까?
세상에는 '재판에 간다는 사실'만으로도 두려움에 떠는 사람들이 있기 때문이죠.
선량하면서도 무지한 보통 사람. 선생에게는 지금이 기회입니다.
자수에는 타이밍이 아주 중요하니까요. 다른 사람이 범인으로 조사를 받고 있는
이 시점에 자백을 한다면 형이 훨씬 가벼워질 겁니다.

라스콜리니코프

…대체 나한테 그런 이야기를 해 주는 이유가 뭡니까?

포르피리

내가 이런 제안을 하는 이유는 딱 한 가지뿐입니다.
당신 또한 천성이 나쁜 사람은 아닐 거라는 확신.

그는 노련하게 라스콜리니코프를 설득하기 시작했어. 지금 자수하면 형이 줄어들 거라고 말이야. 천성이 나쁜 사람은 아니라는 것을 알고 있다며 회유하기도 했고. 그의 말을 들은 라스콜리니코프의 마음에 동요가 일었어. 그래서 어머니가 묵고 있는 허름한 숙소로 향했지. 지난 며칠간 냉정하게 굴었던 것에 대해 사과하고 싶은 마음이 들었거든. 어머니를 마주한 라스콜리니코프는 진심으로 미안했다며 용서를 빌었어. 어머니는 담담하게 사과를 받아들였지. 아들의 표정만 봐도 알 수 있었거든. '아, 우리 아들에게 무슨 일이 일어났구나.'

어머니와 대화를 끝마친 라스콜리니코프는 하숙방으로 향했어. 그런데 문 앞에서 두냐가 기다리고 있는 게 아니겠어? 라스콜리니코프는 두냐에게 자신의 죄를 솔직히 털어놓았어. 두냐는 라스콜리니코프의 말에 별다른 반응을 보이지 않았어. 스비드리가일로프에게는 믿지 않는다고 했지만, 실은 예감하고 있었거든. 오빠가 '전당포 노인 살인 사건'의 진범일지도 모르겠다고 말이야. 그래서 조용히 눈물을 흘리며 말했지. 솔직하게 털어놓고 죗값을 치르라고.

두냐의 말을 들은 라스콜리니코프는 걸음을 옮겼어.
그가 향한 곳은 경찰서가 아닌 소냐의 집이었어.
그는 지난 번 소냐가 했던 약속을 잊지 않고 있었거든.
그건 소냐 또한 마찬가지였고.
라스콜리니코프는 소냐에게 자백을 하겠다고 말했어.
그의 말을 들은 소냐는 그의 목에 노송나무로 된 십자가를 걸어 주었어.
그리고는 어디서 어떤 벌을 받게 되더라도 함께 하겠다고 맹세했지.
목걸이를 바라보던 라스콜리니코프는 생각했어.
감옥에 가게 된다고 해도 소냐와 함께라면 괜찮을 것 같다고.

> 어디서 어떤 벌을 받게 되더라도
> 곁을 지킬게요. 약속해요.

라스콜리니코프의 마지막 목적지는 경찰서였어.
하지만 결심과는 달리 차마 입이 떨어지지 않았지.
자신이 영웅도, 특별한 사람도 아니라는 사실을 스스로 인정해야만 했으니까.
그때, 멀리서 경찰관들이 나누는 대화 소리가 들려왔어.
글쎄 스비드리가일로프가 자살을 했다는 거야.

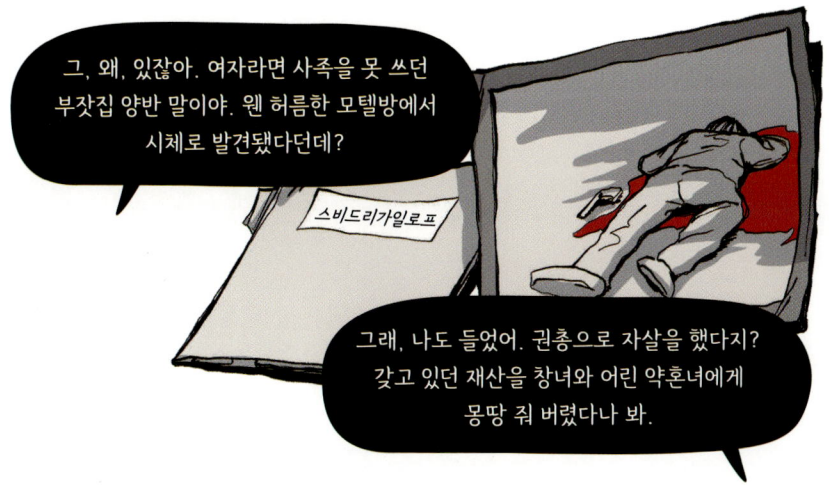

> 그, 왜, 있잖아. 여자라면 사족을 못 쓰던
> 부잣집 양반 말이야. 웬 허름한 모텔방에서
> 시체로 발견됐다던데?

> 그래, 나도 들었어. 권총으로 자살을 했다지?
> 갖고 있던 재산을 창녀와 어린 약혼녀에게
> 몽땅 줘 버렸다나 봐.

'저게 바로 죄를 저지른 이의 최후구나.'
라스콜리니코프는 비통한 심정으로 입을 열었어.
마침내 자신이 '전당포 노인 살인 사건'의 진범임을 털어놓았지.

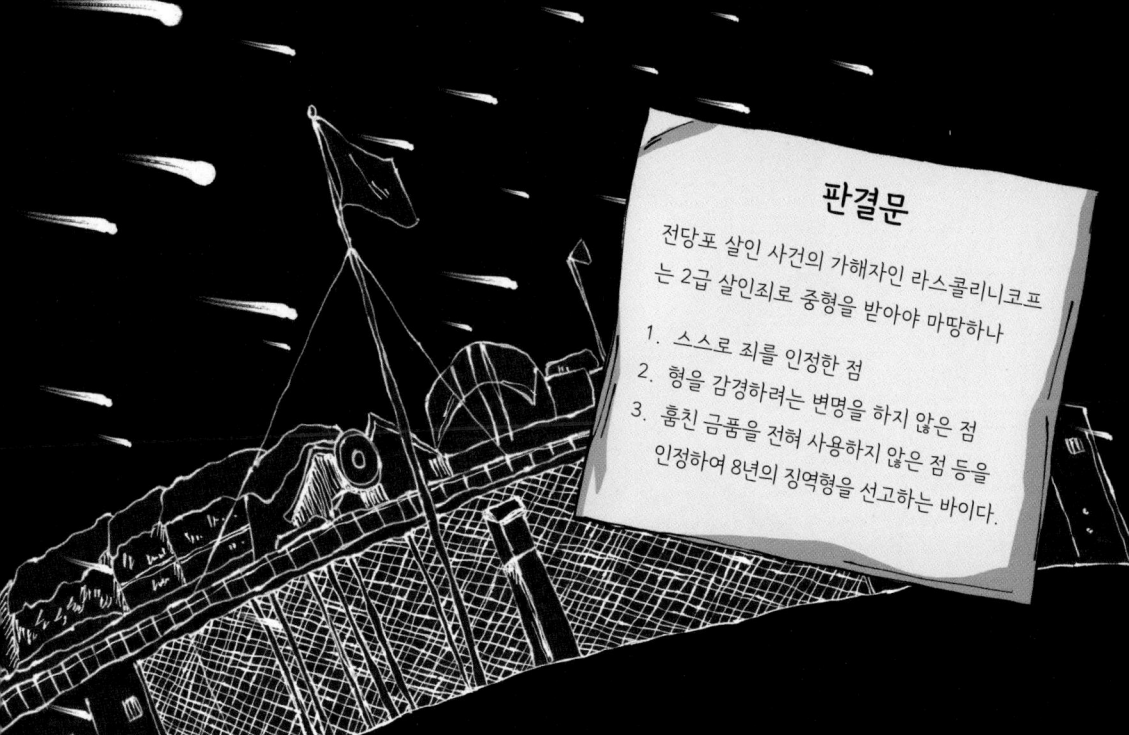

판결문

전당포 살인 사건의 가해자인 라스콜리니코프는 2급 살인죄로 중형을 받아야 마땅하나
1. 스스로 죄를 인정한 점
2. 형을 감경하려는 변명을 하지 않은 점
3. 훔친 금품을 전혀 사용하지 않은 점 등을 인정하여 8년의 징역형을 선고하는 바이다.

소냐도 그를 따라 떠날 준비를 마쳤어.
더 이상 책임져야 할 가족들이 곁에 남아 있지 않았거든.
마르멜라도프가 죽은 이후 얼마 지나지 않아 새어머니가 숨을 거뒀으니까.
소냐의 이복동생들 역시 고급 보육원으로 보내졌고.
두냐와 결혼하기 위해 라스콜리니코프에게 잘 보이려고 애쓰던 스비드리가일로프가
살아생전 소냐를 후원해줬기 때문이야.

시베리아로 향한 소냐는 삯바느질을 하며 라스콜리니코프를 돌봤어.
종종 면회를 가거나 다른 재소자들의 심부름을 해 주기도 했지.
하지만 라스콜리니코프는 그런 소냐를 외면할 뿐이었어.
자신이 나폴레옹 같은 비범한 인물이 아니라는 사실에 실망했거든.
감옥 안에 있는 그 누구와도 대화를 나누지 않고 고립된 생활을 했어.
그로 인해 아들이 감옥에 갔다는 소식에 정신이 반쯤 나간 어머니가
결국 돌아가셨다는 소식도 뒤늦게야 듣게 되었고.

얼마 지나지 않아 소냐도 면회를 오지 않기 시작했어.
라스콜리니코프는 그제야 소냐를 찾기 시작했지.
혹여나 자신을 버린 건 아닐까, 불안감이 밀려왔으니까.
후회와 자책으로 인해 쉬이 잠들 수도 없었지.

그렇게 한동안 뜬 눈으로 밤을 지새우던
그는 깜빡 잠이 들었어.

라스콜리니코프의 꿈속 세상은 끔찍하기 그지없었어.
유럽 전역의 사람들이 선모충에 감염되어 있었거든. '진리가 나에게만 있다.'고 믿게 만드는 벌레 말이야.
자신의 신념만을 고집하는 사람들로 가득 차게 된 거지. 세상은 무엇이 선이고, 악인지
구분할 수 없는 곳으로 변해 있었어. 누가 옳은지 의견이 좁혀지지 않자
결국 사람들은 서로를 죽이기 시작했어. 다른 사람을 이해하지 않으려 할수록
혼란은 더욱 가중되었고. 질병이 창궐하며 사람들도, 이 세상도 선모충에 좀먹히기 시작한 거야.

라스콜리니코프는 꿈에서 깨어난 뒤에도 공포에 떨었어.
자신만의 생각을 고집하며 서로를 죽이는 사람들의 모습이 너무나 생생했거든.

그때, 다시는 오지 않을 것만 같았던 소냐가 찾아왔어.
알고 보니 병 때문에 앓아누워 있었던 탓에 면회를 올 수가 없었던 거야.
라스콜리니코프는 남몰래 안도의 한숨을 내쉬었어.
오랜만에 찾아온 소냐는 그에게 바깥소식을 전해 주었지.
두냐와 라주미힌은 얼마 전 결혼을 했다고 했어.
5년 뒤쯤에는 라스콜리니코프가 있는 시베리아로 이주할 계획도 세우고 있었고.
라스콜리니코프는 그런 소냐의 말을 잠자코 들었어.
그러다 가만히 그녀의 무릎을 끌어안았지. 조용히 눈물을 흘리면서.

그날 밤, 라스콜리니코프는 베개 밑을 뒤적였어.
그 밑에서 한 번도 펼쳐 보지 않았던 복음서를 꺼내 들었지.
그는 그 복음서를 앞에 두고 간절히 기도를 올렸어.
소냐의 신념을 조금이나마 더 잘 이해하게 해 달라고.

그리고 연이어 생각했지.
'아, 나에게 새로운 삶이 도래했구나.'

도스토옙스키는 한때 반역 사건에 연루되어 시베리아의 유형지인 옴스크에서 4년간 유형 생활을 했다. 옴스크는 겨울이면 기온이 영하 50도까지 내려갔는데, 등판에 사격용 표시가 된 죄수복을 입고 족쇄를 4년 내내 차고 있어야 했다. 하지만 그에게 감옥은 문학과 정치 그리고 종교에 관해 조용히 사색할 수 있는 공간이었다. 밀수꾼, 화폐 위조자, 아동 강간범, 부친 살해범, 강도 등 다양한 범죄를 저지른 사람들을 직접 관찰할 수 있었기 때문이다. 이러한 도스토옙스키의 경험은 소설 《죄와 벌》에 잘 드러나 있다.

이성과 종교의 대립적 구도

라스콜리니코프 v.s. 소냐

소냐와 라스콜리니코프는 극과 극을 달리는 인물들이다. 라스콜리니코프는 **이성주의자**로서, 자신의 가난과 타인의 가난, 그리고 사회적 부정의를 목격하면서 '모든 것을 관장하는 신'의 능력에 대해 회의를 느끼는 인물이다. 그는 완벽한 이성을 가진 '비범한 인물'이라면 신처럼 인간의 생명마저 좌우할 수 있다고 생각한다.

반면 소냐는 믿음이 강한 **종교적 인물**이다. 자신의 가난을 결코 신의 탓으로 돌리지 않는다. 몸을 팔았다는 이유만으로 신이 자신을 벌할 것이라고도 생각지 않는다. 그저 자신의 현실을 묵묵히 받아들이면서, 하느님을 비난하는 라스콜리니코프가 언젠가는 영성에 눈떠 새롭게 태어나게 될 것이라 확신한다.

세속적 사랑 V.S. 종교적 사랑

루쥔과 두냐의 관계는 조건적이고 세속적인 사랑을 의미한다. 루쥔은 자신에게 순종하고, 어떠한 명령에도 반발 없이 복종할 여자를 필요로 했다. 그에게 사랑은 '우위를 점하는 것'에 불과했던 것이다. 두냐를 선택한 것 역시 그녀가 요구 조건을 충족해서였을 뿐, 진심으로 두냐를 사랑한 건 아니었다.

이에 반해 소냐와 라스콜리니코프의 사랑은 무조건적인 종교적 사랑에 가깝다. 소냐는 라스콜리니코프에게 자신의 십자가를 걸어 주고 '함께 고통을 짊어지자'고 말하면서, 그의 불행에 진심으로 공감하고 아파하는 모습을 보여 준다. 시베리아로 유형을 떠난 라스콜리니코프는 자신의 죄를 진심으로 뉘우치지 않는 듯했으나, 소설 말미에는 소냐를 진심으로 사랑한다는 사실을 깨닫고 죄를 뉘우친다. 소냐의 진심 어린 사랑이 비로소 그를 구원해 낸 것이다.

> 그는 문으로 달려가 문 밖을 엿들은 다음
> 모자를 움켜쥐고 고양이처럼 살금살금 조심스럽게
> 자신의 13 계단을 내려가기 시작했다.

라스콜리니코프는 범행을 저지르기 직전, 하숙집에 놓인 열세 개의 계단을 내려온다. 왜 하필 열세 개의 계단일까?

예로부터 서양에서 '12'는 완전수로 여겨지는 반면, '13'은 불길한 수로 기피되었기 때문이다. 서양의 메소포타미아 지역은 일 년이 열두 달인 만큼 '황도 12궁'을 만들어 별자리로 길흉화복을 점쳤는데, 이러한 메소포타미아 문명의 영향을 받은 문화권에서는 12를 완전한 수로 받아들였다. 고대 그리스 사람들은 올림포스 산에 제우스를 포함한 12신이 산다고 믿었으며, 기독교의 상징인 예수는 열두 명의 제자를 들였다. 이 외에도 숫자 12의 존재는 서양문화사 곳곳에서 발견된다. 이처럼 12를 완전수로 여겼기 때문에 숫자 1이 더해진 13은 불길한 숫자로써 자리매김하게 됐다.

즉, 라스콜리니코프가 내려간 '13 계단'은 극의 분위기를 고조시키고, 그에게 벌어질 일에 대한 복선과 같은 일종의 문학적 장치였던 것이다.

13개의 계단

또한 라스콜리니코프가 밟아 나간 계단의 수가 '13'개인 데에는 그의 내적 갈등에도 의미가 있다.

라스콜리니코프는 열세 개의 계단을 오르내리며 살인 계획을 세웠다. 머릿속으로 수십, 수백 번씩 전당포 노인을 죽이며 자신의 행위를 정당화했다. '자신의 13계단'인 것도 그 때문이다. 물론 실제로 오르내린 계단의 수가 열세 개일 수도 있겠으나, 라스콜리니코프 마음속에 놓인 생사의 계단, 즉 양심을 의미하기도 한다.

1984

05

George Orwell

조지 오웰

1903.06.25. - 1950.01.21.

　오웰은 어린 시절 소위 명문고인 이튼 학교에 다녔지만, 잘 적응하지 못했다. 군인이나 제국주의자를 양성하던 학교 특성상 단순한 암기식 수업이 주를 이뤘고, 계급 차별로 인한 따돌림이 심했기 때문이다. 오웰만큼이나 학교에 적응하지 못했던 이가 있었으니, 바로 오웰의 프랑스어 교사였다. 사춘기 시절 심한 눈병을 앓은 이후 시력의 대부분을 상실한 그는 학생들의 놀림감이 되기 일쑤였다. 오웰은 그런 동급생들을 역겨워함과 동시에 프랑스어 교사의 해박함에 크게 감탄하고는 했다. 그에게 소개받은 프랑스 작가들과 책이 그가 글을 쓰는 데 큰 도움이 되어 주었기 때문이다.

그 선생에
그 제자

그 프랑스어 교사가 바로 《1984》와 함께 양대 산맥을 이루는 디스토피아 소설 《멋진 신세계》의 저자, 올더스 헉슬리이다. 두 사람은 선후배이자 동료 작가이며, 때로는 라이벌처럼 존재 자체만으로도 서로에게 자극과 격려가 되는 관계였다. 실제로 헉슬리는 《1984》를 읽고 제자인 오웰에게 편지를 보내기도 했다. 그는 두 소설을 비교하며 《1984》를 칭찬함과 동시에 적확한 조언과 격려도 아끼지 않았다.

서른아홉 살 청년, 윈스턴 스미스는
그중 오세아니아의 중심부, 런던에 살고 있었어.

가상의 인물인 '빅 브라더'를 숭배하는 이곳에는
사람들을 감시하는 '텔레스크린'이 사방에 설치되어 있어.
숙소, 사무실, 길거리, 심지어는 침실과 화장실에도 말이야.
하늘에서는 헬리콥터가, 길에는 사상경찰이 사람들을 주시하고 있고.

윈스턴도 바로 이 절대 권력이 유지되는 데에 일조하고 있었어.
진리부 기록국에서 과거의 문서와 신문 내용을
날조하는 일을 맡고 있었거든.

윈스턴은 빅 브라더가 등장하기 이전의 흔적들을 찾아다니기 시작했어.

노동자 계급의 도시를 전전하며 프롤 계급의 일원들을 만나고 다녔지.

하지만 그들은 살아 있는 시체나 다름없었어.

안전이나 식량 같은 문제를 해결하는 것만으로도 삶이 너무 버거웠거든.

그래서 스스로 생각하는 대신 당으로부터 주입된 사상에 따라 움직였지.

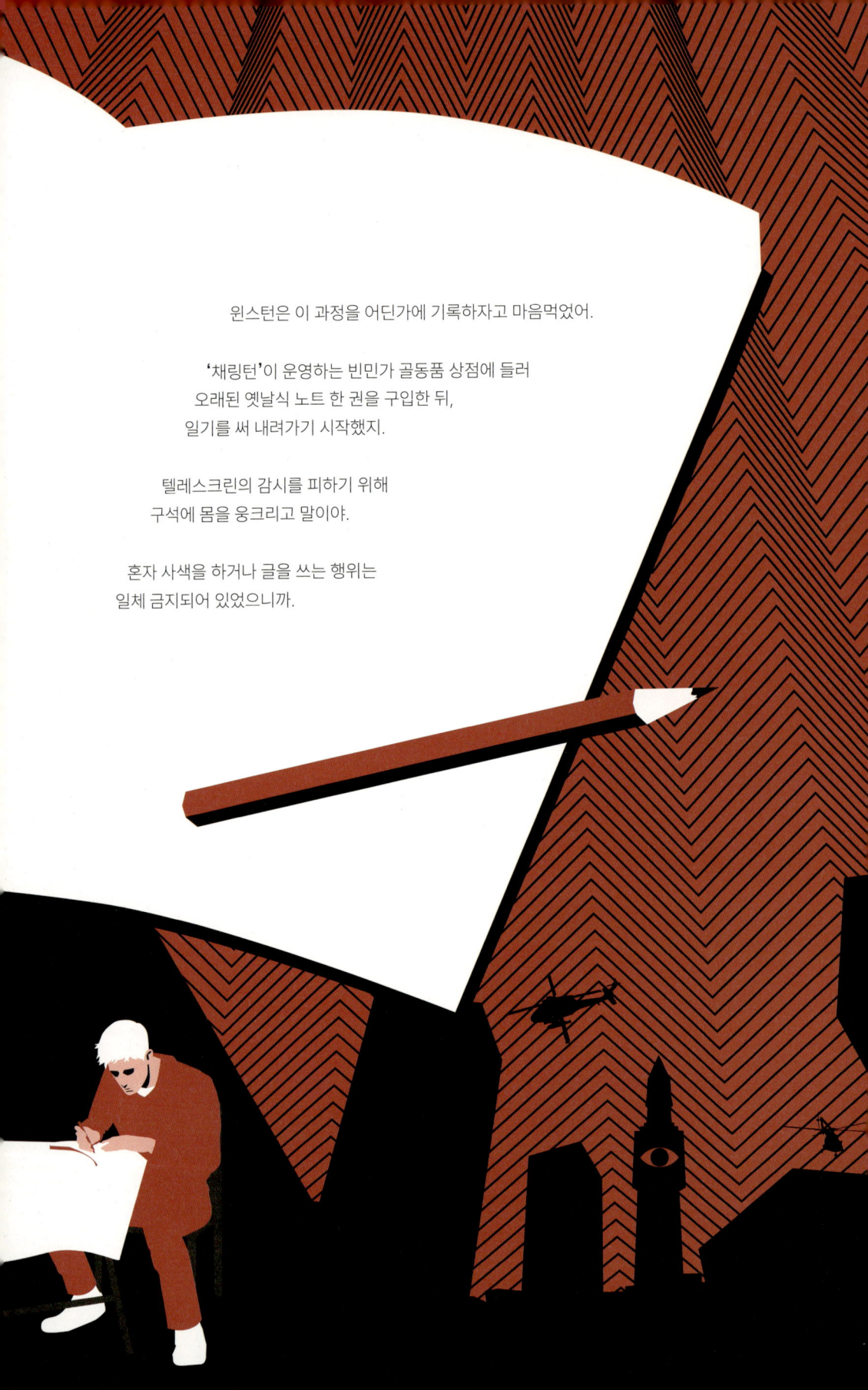

윈스턴은 이 과정을 어딘가에 기록하자고 마음먹었어.

'채링턴'이 운영하는 빈민가 골동품 상점에 들러
오래된 옛날식 노트 한 권을 구입한 뒤,
일기를 써 내려가기 시작했지.

텔레스크린의 감시를 피하기 위해
구석에 몸을 웅크리고 말이야.

혼자 사색을 하거나 글을 쓰는 행위는
일체 금지되어 있었으니까.

그렇게 당의 행적들을 조금씩 파헤쳐 가던 어느 날.
기록국 복도를 지나가던 윈스턴은 한 사람과 마주쳤어.

까만 머리에 평소 자신을 뚫어져라 쳐다보곤 했던
바로 그 여자.

윈스턴은 그 여자를 경계할 수밖에 없었어.
어쩌면 일기를 쓰는 행위를 들켰을 수도 있다고 생각했거든.

예상과 달리 여자는 조심스레 다가왔어.
그리고는 텔레스크린의 감시를 피해 쪽지 하나를 건넸지.

당신을 사랑한다는 내용이 적힌 쪽지를 말이야.

당신을 사랑해요.

며칠 뒤, 윈스턴은 거리에서 다시 그 여자를 마주쳤어.
붐비는 인파를 뚫고 다가온 여자는 사람들의 눈을 피해 속삭였지.
텔레스크린을 피해 만날 수 있는 곳이 있으니,
그쪽으로 와 달라고 말이야.

> 텔레스크린을 피해
> 대화할 수 있는 곳을 알아요.
> 그쪽으로 와 줄래요? 할 얘기가 있어요.

왜냐고?

당시 오세아니아에서는 사사로운 만남이나
사랑이 엄격히 금지되어 있었거든.

성행위나 결혼은
'당에 봉사할 아이를 낳는 과정'에 불과했으니까.
억제된 성욕을 전쟁이나 당을
숭배하는 데 이용했지.

줄리아는 이처럼 당이 사람들의 성욕을 박탈하는 것에 불만을 가지고 있었어.
그래서 망설임 없이 옷을 벗어 던지며 윈스턴을 유혹하기 시작했지.

성욕을 억압하는 당에 맞서 싸워 보자면서 말이야.

적극적인 줄리아와 달리 윈스턴은 순간 겁이 났어.
자신이 했던 반항은 고작해야 일기를 적는 것뿐이었으니까.
하지만 이미 부패한 당원들과 여러 번 자 봤다는 줄리아의 말에 용기를 얻었어.
결국 당에 대한 반항심으로 사랑을 나눴지.

줄리아와 윈스턴은 그 뒤로 계속해서 만남을 이어 갔어.
텔레스크린의 감시를 피해 빈민가 뒷골목이나 으슥한 교회에서 말이야.

그러나, 언제 어디서 사상경찰들이 들이닥칠지 알 수 없었어.

오세아니아는 어디든 빅 브라더의
눈과 귀가 달려 있는 곳이었으니까.

마음을 졸이던 두 사람은 채링턴을 찾아갔어.

채링턴은 텔레스크린이 없는 고물상 2층을
밀회 장소로 흔쾌히 빌려 주었지.

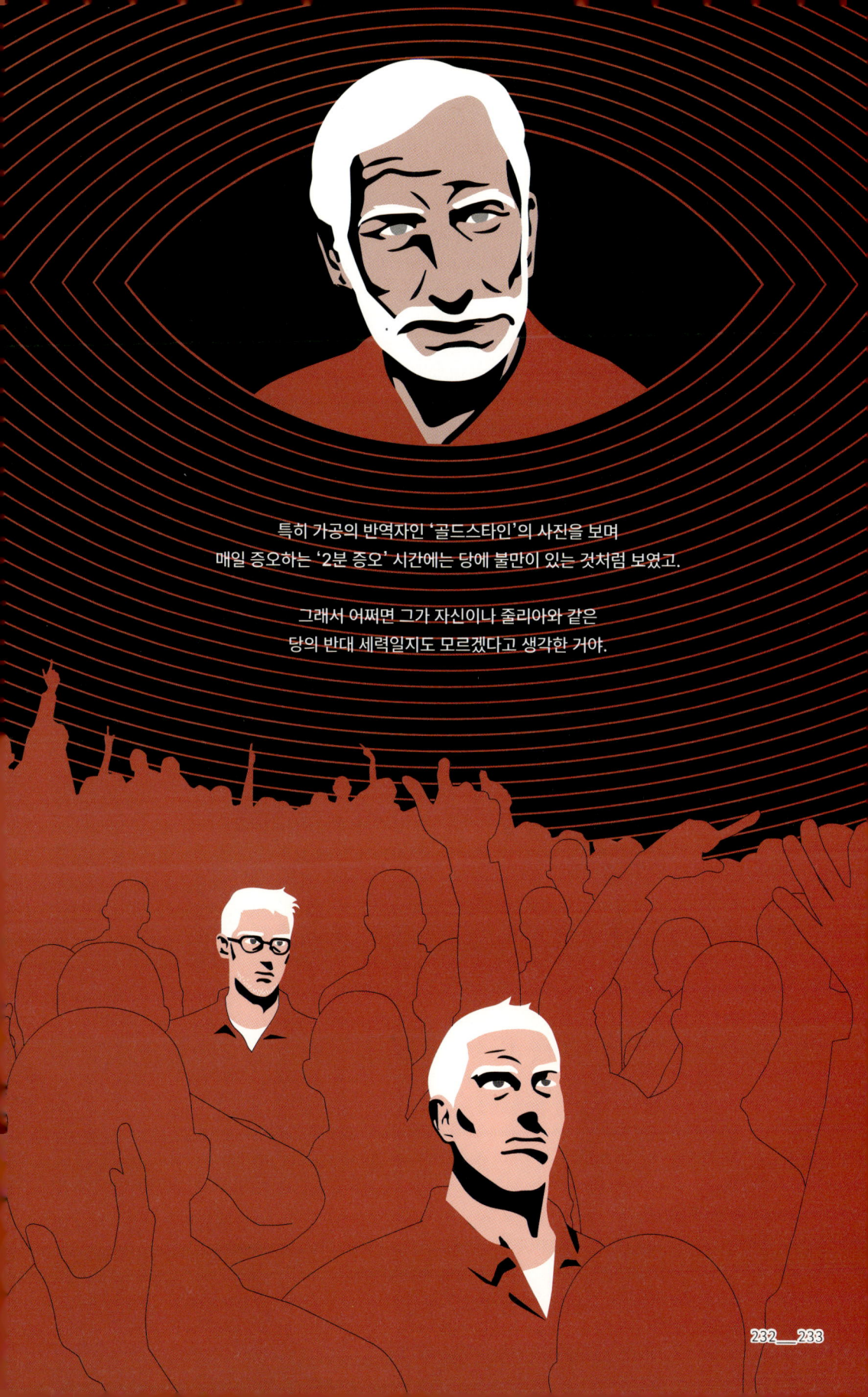

줄리아와 윈스턴은 오브라이언에게 물었어.
비밀 반란 조직인 '형제단'이 실제로 존재하는지 말이야.
만약 존재한다면 자신들을 그 형제단의 일원으로
만들어 달라고도 부탁했고.

당신도 우리와 같은 반역자인 거죠? 그렇죠?
당신이 속한 '형제단'에 우리가 들어갈 수 있게
해 주세요. 제발 부탁이에요.

잠시 고민하던 오브라이언이 입을 열었어.
사실 자신이 바로 그 형제단의 간부라는 거야.

… 사실, 내가 그 형제단의 간부일세.
찾아온 용기가 가상하니,
두 사람을 일원으로 받아 주지.

오브라이언은 두 사람을 멤버로 받아 주겠다면서 '형제단 책자'를 건넸지.
당의 본질을 폭로하는 내용이 담긴 금서를.

두 사람은 금서를 들고 고물상 2층, 아지트로 돌아왔어.
모순된 당의 사상을 깨부수고
새로운 세상을 만들 수 있다는 기대에
잔뜩 부푼 채로 말이야.

그때.
어디선가 낯선 목소리가 들려왔어.

너희들은...
죽은 사람이다...

소리가 나는 곳으로 걸어간 윈스턴은
벽에 걸려 있던 그림을 조심스레 떼어 냈어.

커다란 액자 뒤에는...

사상경찰들은 눈 깜짝할 사이 두 사람에게 달려들었어.
그리고는 마구잡이로 폭행한 뒤, 각각 다른 감옥으로 끌고 갔지.

감옥에 들어간 윈스턴은 간수들의 무차별적인 폭행에 시달렸어.
아주 끔찍한 고문도 온몸으로 받아내야 했고.

고문이 너무나도 고통스러웠던 나머지, 윈스턴은 결국 거짓 자백을 늘어놓았어.
자신이 저지르지 않은 잘못까지도 모두 자신의 죄라고 인정했지.
그렇게 몸과 마음이 무너지는 와중에도 하나만큼은 저버리지 않았어.

바로 진심으로 사랑하는 줄리아만을 향한 믿음.

윈스턴은 공범을 얘기하라며 가해지는 고문에도 결코 줄리아의 이름만큼은 꺼내지 않았지.

윈스턴은 모진 고문 끝에 정신을 잃고 말았어.
간이 침대 위에서 눈을 뜬 그의 앞에는...

오브라이언이 서 있었지.

반역 무리인 줄로만 알았던 오브라이언 역시 사상경찰이었던 거야. '형제단'은 그저 윈스턴과 줄리아를 끌어들이기 위한 함정이었던 거고.

윈스턴은 배신감에 치를 떨었어. 오브라이언은 개의치 않고 윈스턴에게 가혹한 고문을 가했지. 반항하지 말고 당의 지시와 생각을 받아들이라면서 말이야.

그럼에도 불구하고 윈스턴이 끝까지 저항하자
오브라이언은 마지막 수를 썼어.

고통스러워하는 윈스턴을 발가벗긴 뒤 거울 앞에 세웠지.
윈스턴은 천천히 고개를 들어 거울에 비친 자신의 모습을 바라보았어.
거울 속 충격적인 모습에 그만 울음보를 터트리고 말았지.

이와 머리가 모두 빠지고, 온몸은 고름과 상처로 뒤덮여 있었거든.
체중도 20kg이 넘게 빠져 버려서 누구인지 알아볼 수조차 없게 되었고.

짐승처럼 추악하게 변해 버린 자신의 모습을 본 윈스턴은 결국 굴복하고 말았어.
다른 곳으로 수용되어 사상 교육을 받기 시작했지.

윈스턴의 저항이 줄어들자 처우 역시 180도 바뀌었어.

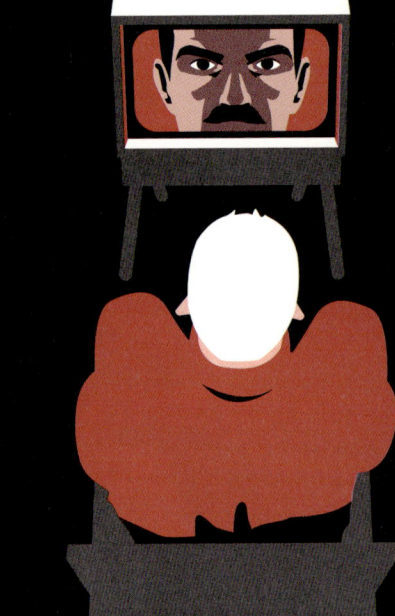

따뜻한 밥과 물, 푹신한 침대, 그리고 상처를 치료할 약까지 제공해 주었어.
곧 건강을 회복한 윈스턴은 마음을 고쳐먹었지.
당의 행보는 분명 잘못됐지만,
당에 반항하는 건 무모한 일이라고 말이야.

이런 상황 속에서도 윈스턴 은 여전히 줄리아를 사랑하고 있었어.
그 마음이 윈스턴으로 하여금 저항할 의지가 되어주었고.

줄리아의 이름을 부르며 잠에서 깬 윈스턴을 지켜보던 오브라이언도 그 사실을 알고 있었어.
줄리아를 배신하도록 만들어야만 윈스턴이 완전한 당원이 될 수 있다는 걸 말이야.

그래서 윈스턴을 '공포의 101호실'로 불렀지.
수감자가 가장 두려워하는 것을 보여 주는
바로 그 고문실.

윈스턴이 101호실로 들어서자,
오브라이언은 '식인 쥐'가 들어있는
철제 상자를 들이밀며 그를 고문하기 시작했어.

윈스턴은 극심한 공포에 떨기 시작했지.
그가 세상에서 가장 두려워하는 것이 바로 쥐였으니까.

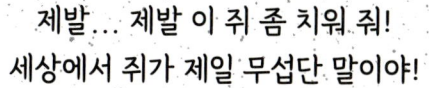

그렇게 윈스턴은 줄리아를
배신한 대가로 감옥에서 석방됐어.

감시와 사상교육으로 내면이 황폐해진 탓일까.
그의 얼굴은 누렇게 변해 있었지.
윈스턴은 끔찍한 기억들을 잊기 위해
매일 같이 술을 마셨어.

그러던 어느 날,
길거리에서 우연히 누군가와 마주쳤지.

하얗던 피부가 누렇게 변하고,
이마에는 커다란 흉터가 생겼지만
윈스턴은 단번에 알아볼 수 있었어.

자신이 사랑했던 여인,
줄리아였으니까.

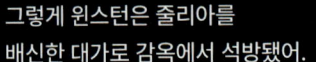

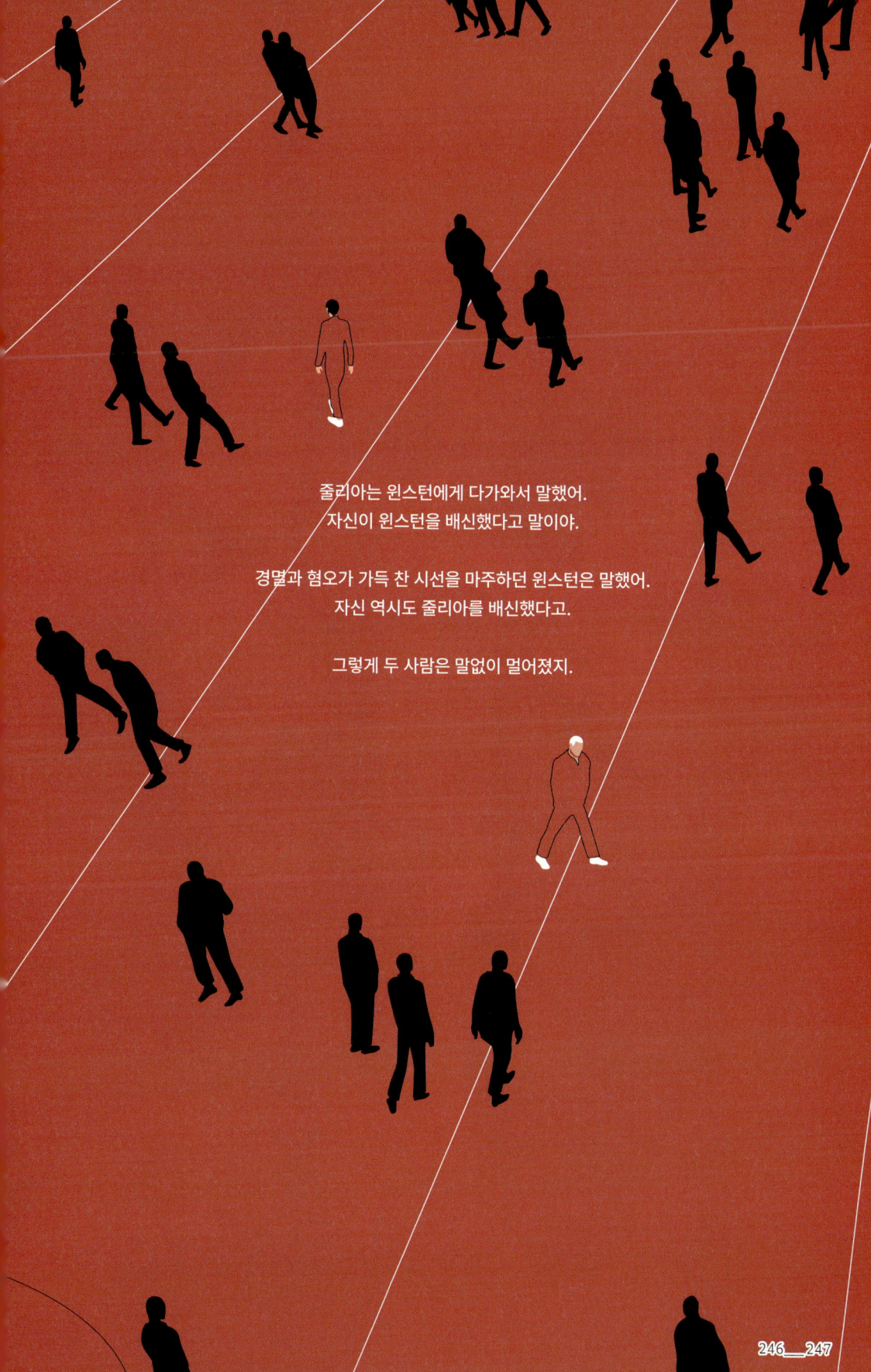

사람들은 진실 따위는 중요하지도 않은 듯 환호성을 질렀어.
그들의 목소리를 들으며 윈스턴은 생각했지.

"아, 나는 마침내
빅 브라더를 진심으로
사랑하게 되었구나."

빅브라더는 어디에나 있다

　《1984》 속 세계는 거대한 초국가들로 분화되어 영구적인 전쟁을 치르고 있다. 그중 오세아니아는 극도의 전체주의 사회로, 시민들의 언어와 사고마저 통제하는 곳이다. 실재하는지 만들어 낸 허상인지 분간이 가지 않는 오세아니아의 최고 지도자, 빅브라더. 그는 이와 같은 거대 권력을 어떻게 유지하는 걸까?

텔레스크린 : 당원들을 감시하기 위해 가정에 설치된 장비로 절대 끌 수 없다. 사람들은 선전 영상 외에는 볼 수 없는 반면, 당에서는 텔레스크린을 통해 모든 것을 감시할 수 있다.

신어 : 구어(영어)를 대체하는 오세아니아의 공용어이다. 신어의 어휘는 간접적 표현이 모두 원천적으로 배제되어 있다. 용도에 따라 A(일상), B(정치), C(기술) 어군으로 나뉜다. 당은 언어가 사고를 지배한다고 믿기 때문에 자유로운 사고의 폭을 줄이기 위해 사전에서 몇몇 단어들을 삭제하였다.

2분 증오 : 매일 진행되는 의식으로, 당원들은 하루에 한 번씩 2분간 스크린에 나타나는 '골드스타인'의 얼굴을 보고 저주를 퍼부어야 한다.

골드스타인 : 가공의 반역자로, 대중의 증오심을 집중시켜 체제를 더욱 굳건하게 만드는 존재이다.

표어 : "전쟁은 평화, 자유는 예속, 무지는 힘"

사회구조 : 부서의 명칭은 영사의 이데올로기인 이중사고에 따라 지어진 것으로, 실제 행하고 있는 업무는 부서의 명칭과 정반대이다.

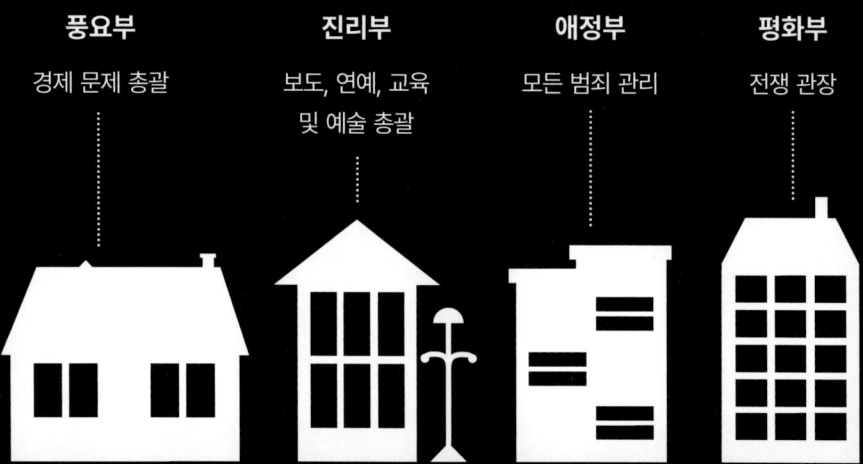

풍요부
경제 문제 총괄

진리부
보도, 연예, 교육 및 예술 총괄

애정부
모든 범죄 관리

평화부
전쟁 관장

《1984》는 예리한 사회의식과 냉소적인 풍자가 빛나는 조지 오웰의 대표작 중 하나이다. 거대한 지배 체제 아래에서 개인은 어떻게 저항하고, 파멸해 가는지를 담고 있는 디스토피아 소설로, 조지 오웰의 예지력과 통찰력을 엿볼 수 있다.

그는 원래 제목을 '유럽의 마지막 인간'으로 하려고 했다. 소설의 주 무대인 오세아니아에 살고 있던 주인공, 윈스턴 스미스가 빅 브라더의 체제에 반기를 들었던 '마지막 인간'이었기 때문이다. 그러나 책의 제목은 출판 과정에서 《1984》로 바뀌었고, 이에 대한 의견은 여전히 분분하다.

> 사회주의 혁명소설 《강철 군화》의 정치적 절정기인 1984년을 의미한다.

> 1948년에 탈고를 마쳤기 때문에 뒷자리 숫자를 거꾸로 뒤집어 '1984'로 설정했다.

> 영국에 사회주의 국가를 건설하고자 했던 '페이비언 사회주의협회'의 설립 100주년을 의미한다.

> 소설 속 배경을 1980년으로 설정했으나 지병으로 인해 집필이 연기되면서 1984년이 되었다.

> 오웰의 아내이자 시인이었던 아일린의 시 《20세기말 1984》에서 따왔다.

'1984'는 우리와 무관한가?

제목에 대한 의견은 분분하나 한 가지 중요한 사실은 소설 속 **'1984년'**이 이미 지나간 시기가 아니라는 점이다. 우리는 여전히 권력을 가진 이들이 언론과 뉴스를 장악하고 조작하는 세계에서 살아가고 있다. 개인의 생각과 행동 또한 보이지 않는 손에 의해 유도된 결과일지도 모른다는 얘기이다. 따라서 우리는 세상의 모든 정보들이 '진리'가 아님을 인식하고, 부정한 체제에 순응하지 않기 위해 노력해야 한다.

일기장이
주는 경고

주인공 윈스턴 스미스는 '2+2=5'라고 말하는 당에 저항하기 위해 일기를 쓰기 시작한다. 발각될 경우 최소 강제노동 25년 형 또는 사형을 선고 받을 것을 알고 있음에도 불구하고 '미래에 대한 기대감'으로 위험천만한 행위를 강행한 것이다.

이는 조지 오웰이 1984를 집필한 배경과 매우 닮아 있다. 당시 영국은 소련과 동맹을 맺고 있었고, 소련은 스탈린주의 하에 급진적인 전체주의가 만연해 있었다. 이에 반대한 조지 오웰은 이러한 시대 상황을 반영하며 파격적인 디스토피아를 묘사함과 동시에 역설적인 결말부를 피로했다. 일기장으로부터 시작된 윈스턴의 저항은 비록 정신이 당에 완전히 지배당하며 끝을 맺으나, 이는 윈스턴의 모습이 곧 우리의 모습이 될 수 있음을 경고한 것이다. 나아가서는 '전체주의의 위험성'에 대한 경각심을 일깨워 준다. 즉, 윈스턴의 일기장은 '2+2=5'가 아니라고 말할 수 있어야 한다는 메시지를 담고 있다.

텔레스크린은 당원들을 감시하기 위한 용도로 설치된다. 즉, 15%의 영사 당원들을 제외한 나머지 '프롤'들의 가정과 거주 구역, 술집 등에는 설치되어 있지 않다는 뜻이다. 이 15%에 해당하는 당원은 이혼이나 혼외정사를 할 수 없으며, 향수와 화장품은 물론 하이힐과 스타킹이 금지된다. 당원은 모든 것을 공동으로 해야 하고 혼자 노래를 부르거나 산보하는 것조차 자유롭게 할 수 없다. 자유시장 출입도 금기 사항이며 필기구나 공책을 가져서는 안 된다. 이러한 상황 속에서 당원들은 욕이나 낙서와 같은 감정 배출마저 불가능했다.

당원에게는 억압을

프롤에게는 자유를

반면 프롤은 모든 것이 가능하다. 성적 억압이나 이혼이 강요되지 않았으며, 원한다면 종교 활동도 할 수 있었다. 하층계급은 그저 노동에 충실하기만 바랄 뿐, 국가 이데올로기를 주입하려고 시도조차 않는 것이다. 오세아니아를 지배하고 있는 당인 '영사'는 프롤을 교육시키지 않으며, 산아 제한을 두지도 않는다. 이들이 무지하면 무지할수록, 많은 자녀로 인해 가난에 허덕여 오히려 지배하기 수월하기 때문이다. "프롤들과 동물들은 자유롭다." 라는 슬로건이 이러한 상황을 잘 나타내고 있으며, 이는 그들이 프롤과 동물을 똑같이 취급한다는 의미이기도 했다.

Animal Farm

06

George Orwell

Eric Arthur Blair

본명보다 유명한

우리에게 익히 알려진 이름인 '조지 오웰'은 사실 필명이다. 그의 본명은 에릭 아서 블레어. 유명 출판사에 소설을 투고했으나 번번이 퇴짜를 맞자 그는 필명을 만들기로 결심했다. 가장 영국적인 이름이었던 '조지'와 본가 근처에 있던 강 이름인 '오웰'을 합한 것인데, 이는 영국인 출신이면서 자연을 사랑했던 그의 특징이 그대로 묻어나는 필명이었다.

필명

George Orwell

그는 이 필명 덕분에 작가로서 큰 성공을 거뒀으나 드물게 곤혹스러운 일을 겪기도 했다. 파리의 한 호텔에 묵고 있던 오웰은 투숙객 명단에서 익숙한 이름을 발견했다. 그건 바로 '어니스트 헤밍웨이'였다. 즉시 헤밍웨이의 방을 찾아가 문을 두드린 그는 자신을 '에릭 블레어'라고 소개했다. 헤밍웨이가 "그래서? 젠장, 뭐 어쩌라고?!" 하며 퉁명스럽게 대꾸하자 오웰은 그제야 "조지 오웰이라고도 하죠." 하고 덧붙였다. 깜짝 놀란 헤밍웨이는 진작 말하지 그랬냐며 그를 술자리에 초대했다. 스페인 내전 당시 종군 기자 신분이었던 헤밍웨이와 전사로 참전했던 오웰은 뛰어난 '저널리스트'로서 많은 공감대를 공유했을 것으로 짐작된다.

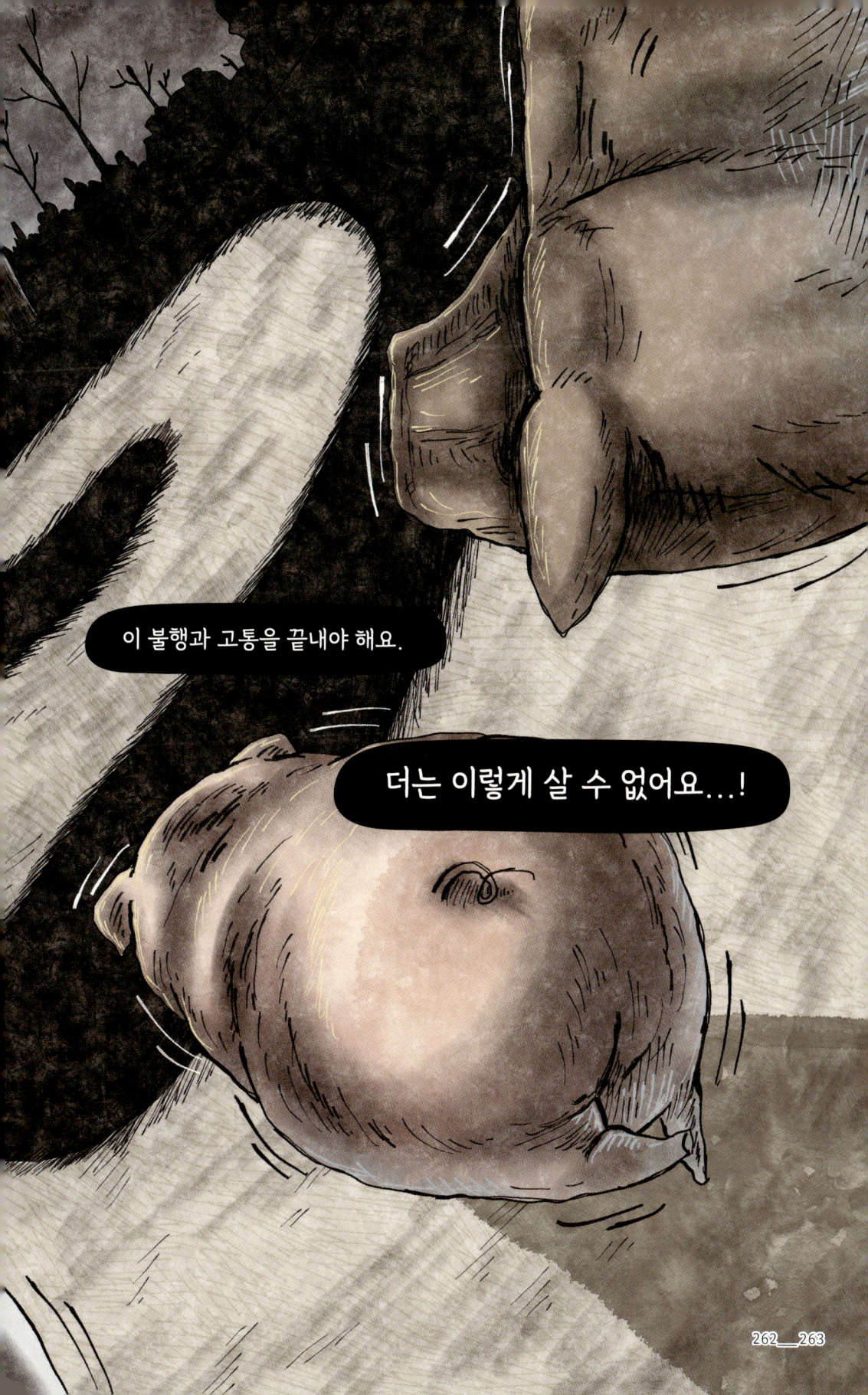

헛간 한쪽의 높다란 연단에는 늙은 돼지 '메이저'가 앉아 있었어.
그는 이미 나이가 들 대로 들어 버렸지만,
농장에서 가장 존경받는 지혜로운 지도자였지.

메이저는 희미해져 가는 눈으로 동물들을 바라보며 이렇게 말했어.

> 동무들. 우리들의 삶은
> 비참하고, 고달프고, 너무나 짧소.
>
> 우리는 태어나 죽지 않을 정도만의 먹이를 얻어먹고,
> 마지막 숨이 붙어 있는 순간까지 일을 하다가
> 나이가 들면 도살장에 끌려가 참혹하게 도살당해 버리오.
>
> 이런 노예 상태가 과연 자연의 질서요?
> 아니오. 그렇지 않소.
> 우리가 비참하게 살아가야 하는 이유는 간단하오.
>
> 우리가 생산한 것을
> 인간들이 몽땅 도둑질해 가기 때문이오!

메이저는 인간만 제거하면 모든 생산물이 동물들의 것이 될 거라면서,
'영국의 짐승들'이라는 동물들의 혁명가를 가르쳐 주었어.
감격한 동물들은 우렁찬 소리로 그 노래를 합창하기 시작했지.

그런데, 바로 그때!

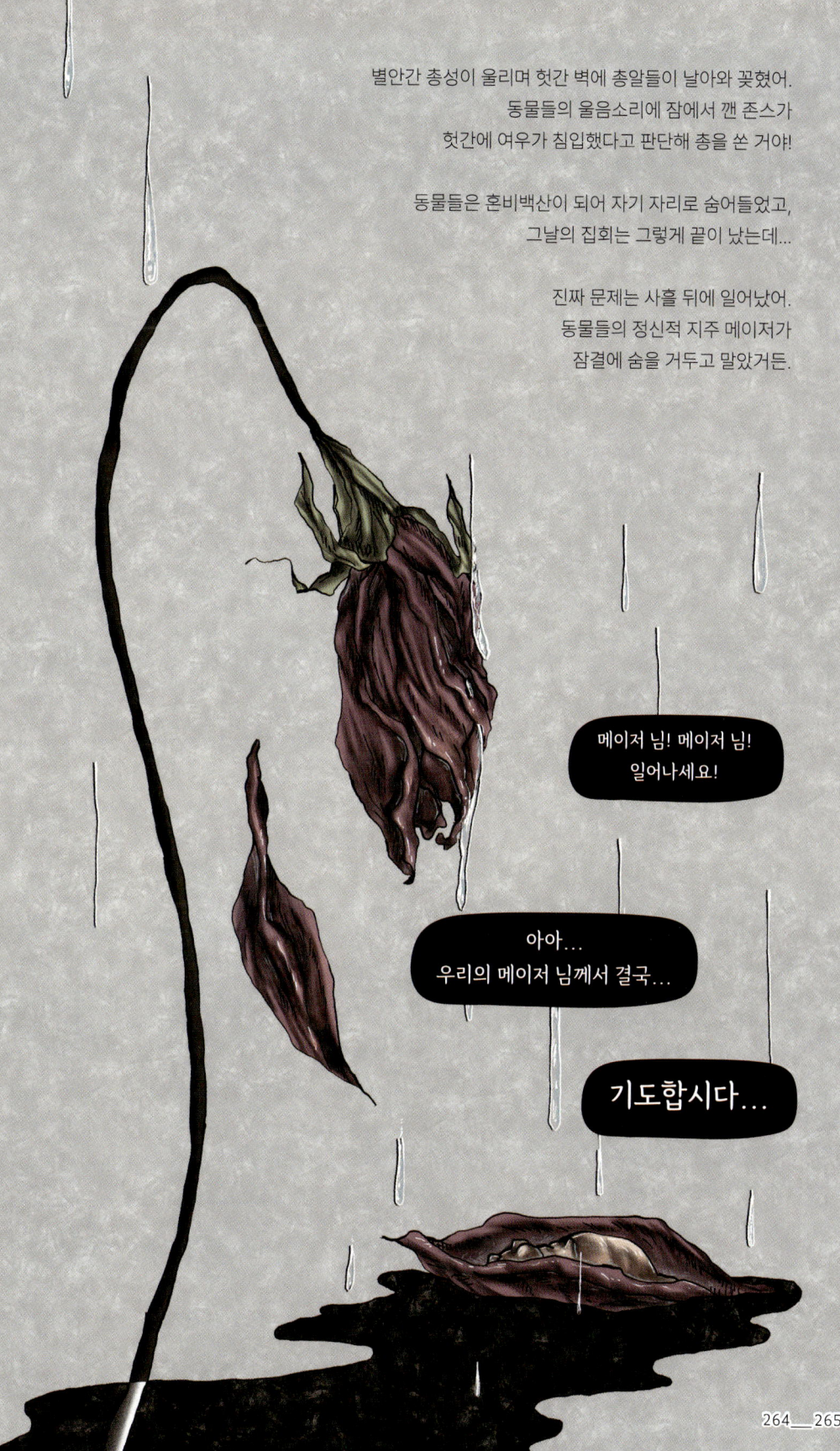

동물들은 혼란에 빠졌어.

"메이저가 없으면 누가 우리를 이끌어?"

"존스한테 다시 충성하면 되지 않을까?"

"우리 이제 망한 거 아냐...?"

"안 돼! 존스는 인간이잖아!"

그때, 두 마리의 돼지들이 나타나 이렇게 말했어.

"동무들. 너무 걱정하지 말게나! 농장은 우리가 지킬 것이네."

스노볼
쾌활하고 영리한
만능 재주꾼

나폴레옹
몸집이 크고 사나운
버크셔 수퇘지

"우리가 메이저 님의 뜻을 이어갈 것이야!"

스노볼과 나폴레옹은 메이저의 두개골을 전시하며 그를 추모했어.
그리고 메이저의 뜻을 이어가기 위해 비밀 집회를 계속 열기로 했지.
그들은 '모든 동물은 평등하고 행복하게 살 권리를 갖는다'는 메이저의 가르침을
완벽한 사상 체계로 발전시키고,

이 사상에 '동물주의'라는 이름을 붙였어.

그렇게 동물주의를 설파하며 호시탐탐 기회를 노린 지 석 달...
반란은 예상 외로 싱겁게 성공했어.

멍청한 농장주 존스가 술독에 빠져서 동물들에게 아무런 먹을 것도 주지 않자
참다 못한 동물들이 광에 들어가 배를 채우기 시작했는데,
존스가 그제서야 정신을 차리고는 일꾼 넷을 대동해 매질하기 시작했거든.

분노한 동물들은 존스 일당을 향해 무시무시한 기세로 돌진했고,
그들은 혼비백산이 되어 멀리 달아났지.

순식간에 농장은 동물들의 차지가 되었어.
석 달 간 글을 익힌 스노볼은 곧장 정문으로 내려가
농장의 이름을 이렇게 고쳐 적었어.

자유를 되찾은 동물들은
기쁨의 환호성을 내질렀어.

동물들은 존스 부부가 살던 사치스러운 본채의 내부를 둘러보았어.
그 모든 것이 이제 자기네 것이라는 사실이 도저히 믿기지 않았지.
그들은 부엌에 매달린 돼지고기 햄을 땅에 묻어 주고,
본채 건물을 박물관으로 보존한다는 결의를 만장일치로 통과시켰어.

스노볼과 나폴레옹은 동물주의의 7계명을 만들어
헛간 벽에 커다랗게 적어 두었지.

"
1. 무엇이건 두 발로 걷는 것은 적이다.
2. 무엇이건 네 발로 걷거나 날개를 가진 것은 친구다.
3. 어떤 동물도 옷을 입어서는 안 된다.
4. 어떤 동물도 침대에서 자서는 안 된다.
5. 어떤 동물도 술을 마셔서는 안 된다.
6. 어떤 동물도 다른 동물을 죽여선 안 된다.
7. 모든 동물은 평등하다.
"

감격스럽군!
이제 정말 동물의 시대가 온 거야!

무슨 뜻인지 알 순 없지만,
아름다운 7계명일 것이 분명해요...

동물들은 이제 농장의 일을 다 함께 논의해서 결정하기로 했어.
그들은 일요일이 되면 노동을 멈추고 총회를 열었어.

총회에 가장 적극적으로 참여하는 것은
단연 스노볼과 나폴레옹이었지.

그들은 모든 안건에 대해 사사건건 대립하긴 했지만,
열정적으로 농장의 일들을 이끌어 나갔어.

특히 교육을 중요하게 생각한 스노볼은
동물들에게 알파벳을 가르치기 시작했어.

덕분에 똑똑한 염소 '뮤리얼'과 당나귀 '벤저민'은 돼지들만큼이나 글을 잘 읽게 되었지.
하지만 대부분의 동물들은 그렇지 않았어.
꽤나 영리한 말 '복서'도 D까지밖에 외우지 못했고,
양, 암탉, 오리 등 머리가 둔한 동물들은 A라도 읽으면 다행인 정도였어.
그러니 그들은 당연히 7계명도 외우지 못했지.

그래서 스노볼은 동물들을 위해
7계명을 누구나 쉽게 외울 수 있는 한 문장으로 요약하기로 했어.
바로 이렇게 말이야!

스노볼 동지! 닭은 어쩌죠?
닭은 발이 두 개인걸요?

…네 발은 좋고,
두 발은 나쁘다!

날개까지 발이라고 칩시다.
그럼 발이 4개가 되잖아요?

양들은 기뻐하며 그 문장을 목이 터져라 반복해 외쳤어.
인간에 대한 적개심 아래, 동물농장의 동물들은 똘똘 뭉쳤지.

그해 동물농장은 농장이 들어선 이래 최대의 수확을 얻었어.
동물들은 동물주의가 너무나 마음에 들었어.
동물주의는 농장에 자유와 평등, 그리고 풍요와 행복을 가져다 주었으니까.

돼지들은 인간을 대신해 발굽으로 암소들의 젖을 짜 다섯 양동이의 우유를 모았어.
암소들은 돼지들에게 고마워했고,
그걸 본 동물들은 우유를 조금이나마 받아 마실 생각에 들떴지.
그런데, 나폴레옹은 동물들의 등을 떠밀면서 이렇게 말했어.

"지금은 건초 수확에 집중해야 할 때이니
스노볼 동지를 따라가시오!"

동물들은 고개를 끄덕이며 스노볼을 따라 밭으로 갔어.
그런데, 저녁이 되어 돌아오니 우유는 온데간데없이 사라져 있었어.
돼지들끼리 모여서 그 우유를 다 마셔 버린 거야!
우유뿐만 아니라 바구니 가득 모아 두었던 사과도
돼지들에게 가져다줘야 한다는 명령이 떨어졌어.

이 사실을 안 동물들은 의아해하며 수군거리기 시작했어.
돼지들끼리만 맛있는 것을 먹는 건
'모든 동물은 평등하다'는 7계명에 어긋나는 행동이었으니까 말이야.
그때, 화려한 언변의 돼지 스퀼러가 동물들 앞에 나타나 이렇게 말했어.

동무들. 설마 우리 돼지들이
저들끼리 잘 먹고 잘 살기 위해서
우유를 마신 것이라 생각하진 않겠지요?

사실 우리 중에는
우유와 사과를 싫어하는 돼지들도 많아요.
그런데도 돼지들이 우유와 사과를
가져가 먹은 것은 건강 유지를 위해서입니다.
우리 돼지들은 언제나
막중한 책임감에 시달리고 있어요.

우리가 농장을 제대로
경영하지 않으면, 인간들이 분명
다시 쳐들어올 테니까요!

그러면서 스퀼러는
늘 입에 달고 사는 그 말을 덧붙였어.

동무들 설마,
존스가 돌아오길 바라는 것은
아니겠지요?

스퀼러가 그렇게 말하니 동물들도 할 말이 없었어.
돼지들이 농장을 적극적으로 관리하고 인간들로부터 지켜내고 있는 것은 사실이었거든.

동물들은 군말 없이 각자의 자리로 돌아갔어.
그렇게 해서 우유나 사과가 모두 돼지들의 몫이어야 한다는 데
명명백백한 합의가 이루어졌지.

그렇게 여름이 지날 무렵...
동물농장의 소식은 영국 전역에 넓게 퍼져 나갔어.
동물들 사이에서는 '영국의 짐승들'이 유행가처럼 번져 나갔고,
인간들은 그 노래를 부르는 동물들을 매질하면서도 두려움에 떨어야 했지.

그날이 곧 오리 독재자 인간이 쫓겨나고 영국의
기름진 들판이 짐승들의 것으로 돌아오는 그날이

존스는 매일 술집을 드나들며
'밥벌레만도 못한 동물 떼에게 농장을 빼앗겼다'며 하소연했어.
그런 그의 하소연을 들어준 것은 근처 '폭스우드 농장'과 '핀치필드 농장'의 주인인
필킹턴과 프레데릭이었지.

세 사람은 서로를 원수처럼 여기는 사이였지만,
동물농장의 반란에 대해서만큼은 같은 맘으로 똘똘 뭉쳤어.
참다 못한 그들은 일꾼들을 대동해 동물농장에 쳐들어가기로 했지.

그들은 몽둥이와 총을 챙겨 들고, 기세등등하게 동물농장으로 향했어.

동물들은 크게 기뻐하며 승전 축하식을 거행했어.
그들은 이 대단한 전투에 '외양간 전투'라는 이름을 붙이고는
전투를 승리로 이끈 스노볼과 복서에게 '동물 영웅 일등 훈장'을,
죽은 양들에게는 '동물 영웅 이등 훈장'을 추서했어.

동물주의의 승리다!

이제 정말 동물의 시대가 온 거라고!

그러나 동물들의 기대와 달리
동물농장의 번영은 오래가지 못했어.
돼지 지도부, 그러니까 스노볼과 나폴레옹 사이에
조금씩 균열이 가기 시작했거든.

왜들 그래?

스노볼과 나폴레옹이 또 싸운대.
봄에 심을 작물 문제로 말이야...

동물들은 조마조마하며 둘 사이의 대립을 지켜볼 수밖에 없었어.
그들은 농장의 운영에 관해 뚜렷한 의견을 가져 본 적도 없고,
돼지들의 결정을 뒤집을 만한 힘도 없었으니까 말이야.

스노볼은 존스 부인의 책에서 읽은 내용을 토대로
풍차 건설의 중요성을 피력해 나갔어.
노동으로부터 자유로워질 수 있다는 달콤한 이야기에
동물들은 하나둘씩 스노볼의 편을 들기 시작했지.

전문 서적을 토대로 그린
풍차 설계도입니다!

그럴듯한데...?

난 스노볼 말이 맞는 것 같아.

나도!
난 자유로워지고 싶어!

그런데 바로 그때!
나폴레옹이 특유의 곁눈질을 스노볼에게 던지더니
지금까지 누구도 들어보지 못한 날카로운 소리를 내질렀어!

꾸웨엑~!!

그러자 아홉 마리의 무시무시한 개들이 헛간 안으로 달려 들어와
스노볼을 향해 곧장 돌진했지.

놀란 스노볼은
개들을 피해 헛간 문 밖으로
부리나케 달아나 버렸어!

그 개들은 나폴레옹이 오래전에 특별 교육을 해 주겠다며
암캐 제시와 블루벨에게서 데려간 강아지들이었어.
아무것도 모르던 새끼 강아지들이 나폴레옹의 근위대로 성장한 거지!

나폴레옹은 개들과 스퀼러, 그리고 몇 마리의 돼지들을 대동한 채
단상으로 올라가 말했어.

이제부터 일요일 회의는 폐지한다.
농장 운영에 관한 모든 문제는
돼지들로 구성된 특별 위원회가 결정할 것이다.

그리고 그 위원회는
나, 나폴레옹이 주재한다!

개들의 이빨이 두려웠던 동물들은 나폴레옹의 말에 만장일치로 동의했어.
이제 농장의 격률로는 다음과 같은 문장이 하나 더 채택되었지.

"나폴레옹은 언제나 옳다!"

돼지들의 충실한 제자 복서는
그 격률을 반복해 읽으며 기뻐했어.

나폴레옹은 언제나 옳다!
나폴레옹은 언제나 옳다!

그리고 스노볼이 쫓겨나고 3주째 되는 일요일...
나폴레옹은 스노볼이 주장했던 것과 똑같은 풍차 건설 계획을 발표했어.

동물들이 나폴레옹의 결정에 의아해하자, 스퀼러가 재빨리 나타나 이를 무마했지.
'풍차 건설안은 원래 나폴레옹의 아이디어였는데,
스노볼이 이를 훔쳐 갔던 것'이라고 말이야.

그해 내내 동물들은 돼지들의 감독 아래 노예처럼 일했어.
일요일 오후의 노동은 자원에 맡겨졌지만,
노동에 빠진 이들은 식량이 반으로 줄어들었지.

빨리빨리
하지 못해?!

배가 고파요...

그 무렵, 돼지들은 인간들과 거래를 하기 시작했어.
그들은 풍차를 짓는 데 필요한 파라핀 기름이나 못, 끈 등을 구하기 위해
인간들에게 농장의 수확물을 팔아넘겼지.

그러면서 돼지들은 헛간 대신 존스의 본채를 거처로 삼았어.
돼지들이 인간처럼 생활한다는 소문이 들려오기 시작한 건 그때쯤이었어.
인간처럼 부엌에서 식사를 하고,
인간처럼 침대에서 잠을 잔다고 말이야.

그 소문을 들은 영리한 당나귀 '클로버'는 의구심을 갖기 시작했어.
어떤 동물도 침대에서 자서는 안 된다는 7계명을
기억하고 있었기 때문이었어.

클로버는 글을 아는 염소 뮤리엘을 대동하고 7계명이 적혀 있는 헛간 벽으로 갔어.
그러나, 그곳에는 이런 문장이 적혀 있었어.

어떤 동물도
❝ (시트를 깐) 침대에서 자서는 안 된다. ❞

이상하기도 하지,
7계명에 '시트'가 언급되어 있다는 걸 기억하지 못했다니!
클로버와 뮤리엘은 의아했지만,
때마침 그 근처를 지나가던 스퀼러의 말에 입을 다물 수밖에 없었어.

스퀼러

동무들, 침대란 단순히 잠자는 곳이오.
마굿간의 짚단도 정확히 말하자면 침대가 아니오?
우리들이 규칙으로서 금지한 것은 인간이 만들어 낸 시트 요.
동무들이 설마 우리를 쉬지도 못하게 하려는 건 아니겠지요?

클로버와 뮤리엘은 별다른 대답 없이 고개를 저을 뿐이었어.

며칠 뒤, 돼지들은 이제부터 다른 동물들보다 한 시간 늦게 일어나기로 한다는 발표가 나왔지만,
아무 동물도 반대 의견을 내놓지 않았어.
돼지들의 결정은 언제나 옳은 것일 테니까 말이야.

그렇게 동물들은 돼지들의 지시에 따르며
한 해 내내 풍차 건설에 매진했어.
끝없는 고된 노동이었지만, 언젠가는 풍차가 가져다 줄 자유를 꿈꾸며 열심히 일했지.

그러나 11월의 어느 겨울 날,
무시무시한 남서풍이 밤 내내 불었고...
잠에서 깨어나 보니 농장은 엉망이 되어 있었어.
깃발 게양대가 넘어져 있고, 과수원의 나무들은 뿌리째 뽑혀 날아가 있었지.

동물들은 절망적인 비명을 내지르며 좌절했어.
좀체 뛰는 일이 없는 나폴레옹도 선두로 달려나가 풍차 주변을 면밀히 살폈지.

그런데, 코를 킁킁대며 꼬리를 심하게 씰룩거리던 나폴레옹이
갑자기 마음을 정한 듯 멈춰서서는 이렇게 말하는 것 아니겠어?

동무들. 이건...이건 스노볼의 짓이오.
스노볼이 우리의 번영을 막으려는 속셈으로
태풍이 부는 밤중에 농장에 숨어들어 와
풍차를 무너뜨린 것이오!

그러나 그따위 반역자 때문에
우리의 숭고하고 중대한 의지를 좌절케 할 순 없소.
우리는 지치지 않고 나아갈 것이오.

계속해서 풍차를 만들 것이오!

스노볼이 이런 짓을 저질렀다니! 동물들 사이에서는 분노의 소리가 터져 나왔어.
나폴레옹은 스노볼에게 사형을 선고하고, 스노볼을 처단하는 자에게는
'동물 영웅 이등 훈장'과 사과 반 말을 주겠다고 약속했지.

그 겨울, 동물들은 혹한 속에서도 풍차 재건에 온 정성을 쏟아어.
1월이 되자 식량이 바닥나 옥수수 대신 시들시들한 감자 몇 알만이 겨우 보급되었지만,
나폴레옹은 모래를 가득 채운 식량통 윗부분을 옥수수 가루로 덮어
외부에서 농장의 위기를 알지 못하도록 했지.

그러던 어느 일요일 아침.
스퀼러는 암탉들을 찾아와서 달걀을 모두 내놓으라고 했어.
인간들에게 달걀을 매주 400개씩 팔기로 계약했다면서 말이야.

이... 이걸 다 내놓으라고요?

안 돼요.
봄철 병아리 부화 시기에 맞춰서
알들을 모아야 해요.

잔말 말고 내놔!
나폴레옹이 하는 일은 무조건 옳다!
격률 몰라?

싫어요!
이건 병아리 살해 행위예요!

나름 성질이 있는 암탉들은 나폴레옹의 그런 처사에 항의하기 시작했어.
그들은 서까래 위에서 알을 낳아 깨뜨리는 시위를 하며
농장에 첫 반란을 일으켰지.

그러나, 나폴레옹은 이에 가차없이 대응하며 암탉들의 식량 배급을 전면 중단했어.
그리고 누구든 닭에게 옥수수 한 알이라도 줬다간 죽음을 면치 못할 것이라고 엄포했지.

암탉들은 닷새 동안 버텼지만,
아홉 마리의 닭들이 죽어 나가자 결국 항복하고 말았어.

동물농장은 걷잡을 수 없이 어려워져 갔어.
그렇게 이른 봄이 되자, 농장에 놀라운 소문이 돌기 시작했어.
'스노볼이 밤마다 농장을 몰래 들락거린다'고 말이야.

스노볼에 대한 이야기는 좋지 않은 사건마다 따라 붙었어.
무엇이든 잘못된 일이 있으면 '스노볼이 그랬다'고 했지.

개들을 거느리고 스노볼의 흔적을 조사한 나폴레옹은
동물들을 소집해 중대 뉴스를 발표했어.

스노볼은 처음부터
존스와 동맹을 맺고 있었다고 말이야.

동물들은 그 말을 선뜻 받아들이기가 어려웠어.
외양간 전투에서 스노볼이 얼마나 멋지게 활약했는지 똑똑히 기억하고 있었거든.
그러나 스퀼러는 그때의 스노볼의 활약은 모두 꾸며진 것이며,
총에 맞았던 것마저 존스와 합을 맞춰 연기한 것이라고 했어.
그럼에도 복서가 그 말을 믿지 않자 그는 아주 천천히, 그리고 단호하게 말했어.

> 복서. 우리의 지도자 나폴레옹 동무께서는…
> 스노볼이 반란이 계획되기 오래전부터
> 존스의 첩자 노릇을 했다고 단언하셨소.

> 그래요,
> '단언적으로' 그렇게 말씀하셨소.

그러자 복서는 고개를 크게 끄덕이며 스퀼러의 말에 동의했어.
'나폴레옹 동무가 그렇다고 하면 그건 틀림없는 일'이라면서 말이야.
스퀼러는 복서에게 퍽 험악한 시선을 던지면서도
그를 진정한 정신의 소유자라며 치켜세워 주었지.

그로부터 나흘 후...
나폴레옹은 늦은 오후에 동물들을 헛간으로 집합시켰어.
그리고 일동을 엄한 눈으로 쭉 훑어본 뒤, 꽤액 하고 높은 소리를 내질렀지.

그러자, 개들이 달려나와
돼지 네 마리의 귀를 물고 끌고 나왔어!

그들은 나폴레옹이 일요일 총회를 폐지한다고 했을 때
항의하고 나섰던 돼지들이었어.
나폴레옹은 그들에게 죄를 자백하라고 명령했지.
그러자 그중 한 돼지가 이렇게 말했어.

저는 스노볼이 추방된 후 줄곧 그와 비밀리에 접촉해 왔습니다.
전 스노볼이 지난 몇 년 간 존스의 비밀 첩자였다는 걸 알고 있었을 뿐 아니라,
스노볼과 짜고 우리의 풍차를 무너뜨렸고,
동물농장을 프레데릭에게 넘겨주기로 그와 공모하기까지 했습니다...

자백이 끝나자, 개들은 달려들어 돼지의 목을 물어뜯었어.
네 마리의 돼지들은 모두 그 자리에서 죽음을 맞이했지.

나폴레옹은 동물들에게
또 자백할 자가 있는지 서슬 푸르게 물었어.
그러자, 달걀 사건 때 반란을 주도했던
암탉 네 마리가 앞으로 나왔어.

저는 스노볼의 말에 따라 반란을 주도했습니다.
스노볼은 저의 꿈에 나타나
나폴레옹의 명령에 불복하라고 저를 사주했습니다.

암탉들 역시 개들에 의해 처형되었지.
그러자 이번에는 거위 한 마리가 나와 이렇게 말했어.

저는 작년 추수 때
옥수수 이삭 여섯 개를 훔쳐가
밤에 몰래 먹어 치웠습니다!

거위 또한 즉시 처형되었어.
그러자 이번에는 양 한 마리가 나와 이렇게 말했어.

저는 먹는 물 웅덩이에
오줌을 쌌는데,
그건… 그건 스노볼이
시킨 짓이었습니다!

그런 식으로 동물들의 자백은 계속되었고,
자백한 이들은 모두 즉석에서 도살당했어.

나폴레옹의 발 앞에는 죽은 동물들의 시체가 쌓였고,
외양간 전투 이후 처음으로
농장에 피 냄새가 진동했지.

처형이 끝나자 동물들은 한 덩어리가 되어 마당을 빠져나왔어.
그들은 큰 충격을 받았고, 더할 나위 없이 슬프고 끔찍했지.
그러나 스노볼과 한패가 된 동물들의 반역이 충격적인 것인지,
아니면 나폴레옹의 잔인한 보복이 충격적인 것인지는 알 수 없었어.

복서는 놀라움을 금할 수 없다는 듯 히힝거리며 서성이다가
한참 후에 말문을 열었어.

정말 모를 일이야.
우리 농장에서 이런 일이 일어나다니.

우리 자신이 뭔가 잘못돼 있어.
내 생각으론 더 열심히 일하는 것만이
해결책인 것 같아.

**내일부터 난 아침에 한 시간씩
먼저 일어나야겠어.**

동물 살육이 마음에 걸렸던 클로버는 7계명을 확인하러 갔지만
벽에는 이런 문장이 적혀 있었어.

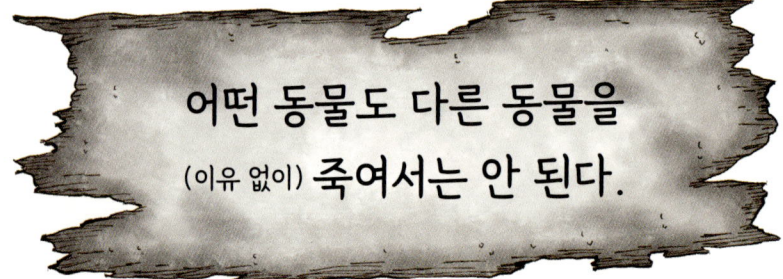

어떤 동물도 다른 동물을
(이유 없이) 죽여서는 안 된다.

반역자들을 죽이는 건 분명 이유 있는 일이었기 때문에,
클로버는 할 말이 없었지.

그해 내내 동물들은 이전보다 훨씬 더 열심히 일했어.
일요일 아침이면 스퀼러는 통계 목록을 펼쳐 놓고 그간 농장의 각종 식량 생산량이
200퍼센트, 300퍼센트, 혹은 500퍼센트 늘어났다고 발표했어.
동물들로서는 스퀼러의 말을 믿지 않을 이유가 없었지만,
통계 숫자보다는 먹을 것이나 더 많으면 좋겠다고 생각하는 때가 많았지.

그리고 곧 나폴레옹은 자신의 공식 칭호를
'우리의 지도자 나폴레옹 동무'로 바꾸었어.

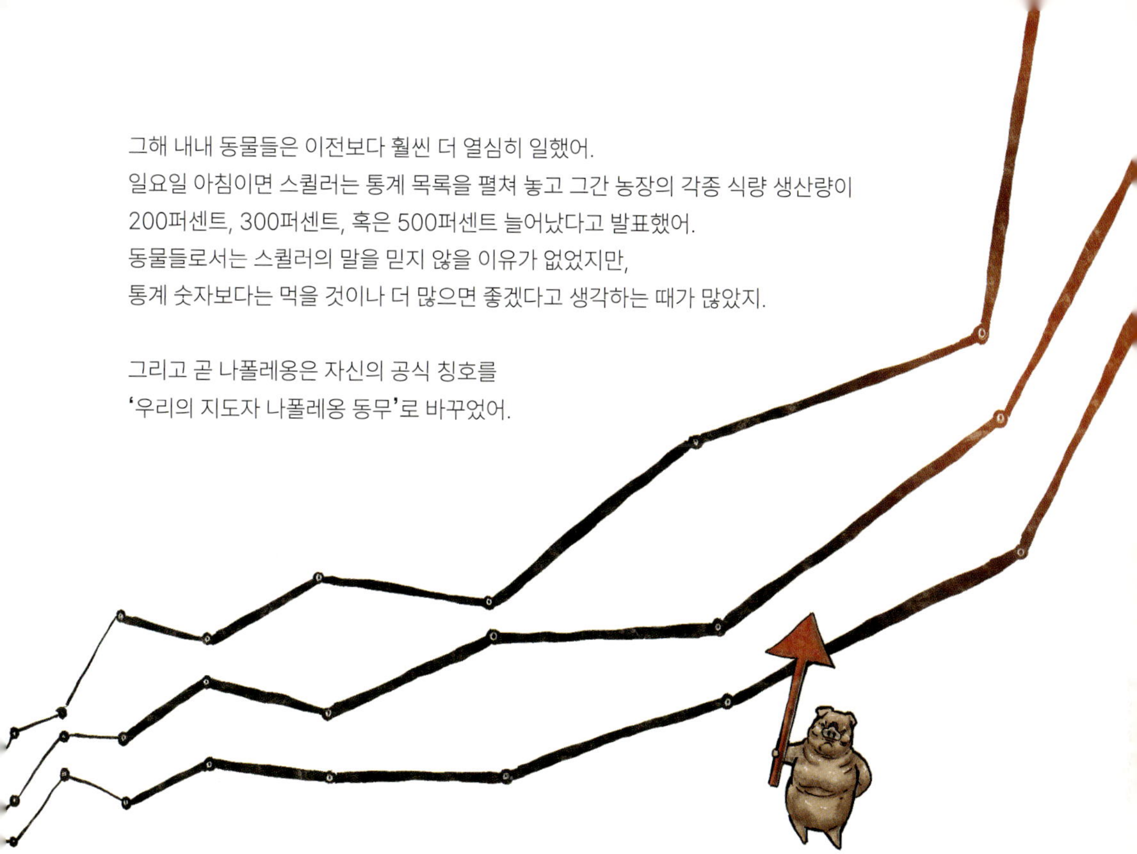

그는 2주에 한 번 정도 외에는 공식 석상에 나타나지 않았지만,
무슨 일이 성공적으로 완수되거나 운수 좋게 잘 풀리면
그 공로는 어김없이 나폴레옹에게 돌려졌지.

> 우리의 지도자 나폴레옹 동무의 지도 아래
> 엿새 동안 알을 다섯 개나 낳았지 뭔가.

> 나폴레옹 동무의 영도력 덕분에
> 물맛이 그저 그만이구만 그래!

그렇게 가을이 되었고, 풍차가 성공적으로 완성되었어.
부서졌던 풍차에 비해 벽의 두께가 두 배나 되는, 아주 튼튼하고 아름다운 풍차였지.

동물들은 자신들이 만든 걸작 주변을 뛰어다니며 기쁨의 환성을 내질렀어.
나폴레옹은 몸소 둔덕까지 나와 풍차를 시찰하며 동물들의 노고를 치하하고는
풍차에 '나폴레옹 풍차'라는 이름을 붙였어.

그리고 며칠 뒤, 나폴레옹은 헛간에서 특별 발표를 했어.
농장의 너도밤나무 숲을 밀어내며 생긴
목재 한 더미를 프레데릭에게
팔기로 했다고 말이야.

동물들은 깜짝 놀랐어.
프레데릭은 동물농장을 공격하려고 벼르고 있을 뿐 아니라
동물들이 잔혹한 짓을 저지르고 있다는 헛소문을 퍼뜨린 사람이었으니까!

그러나 나폴레옹은 그간 프레데릭과의 적대적 관계는
그와의 비밀 협상을 감추기 위한 전략에 불과했다면서,
"프레데릭에게 죽음을"이라는 슬로건을 당장
"필킹턴에게 죽음을"로 바꾸라고 명령했어.

동물들은 나폴레옹의 오묘하고도 탁월한 지략에 감탄하면서
프레데릭이 지불하고 간 화폐를 구경했지.
나폴레옹도 사뭇 만족한 미소를 지었어.

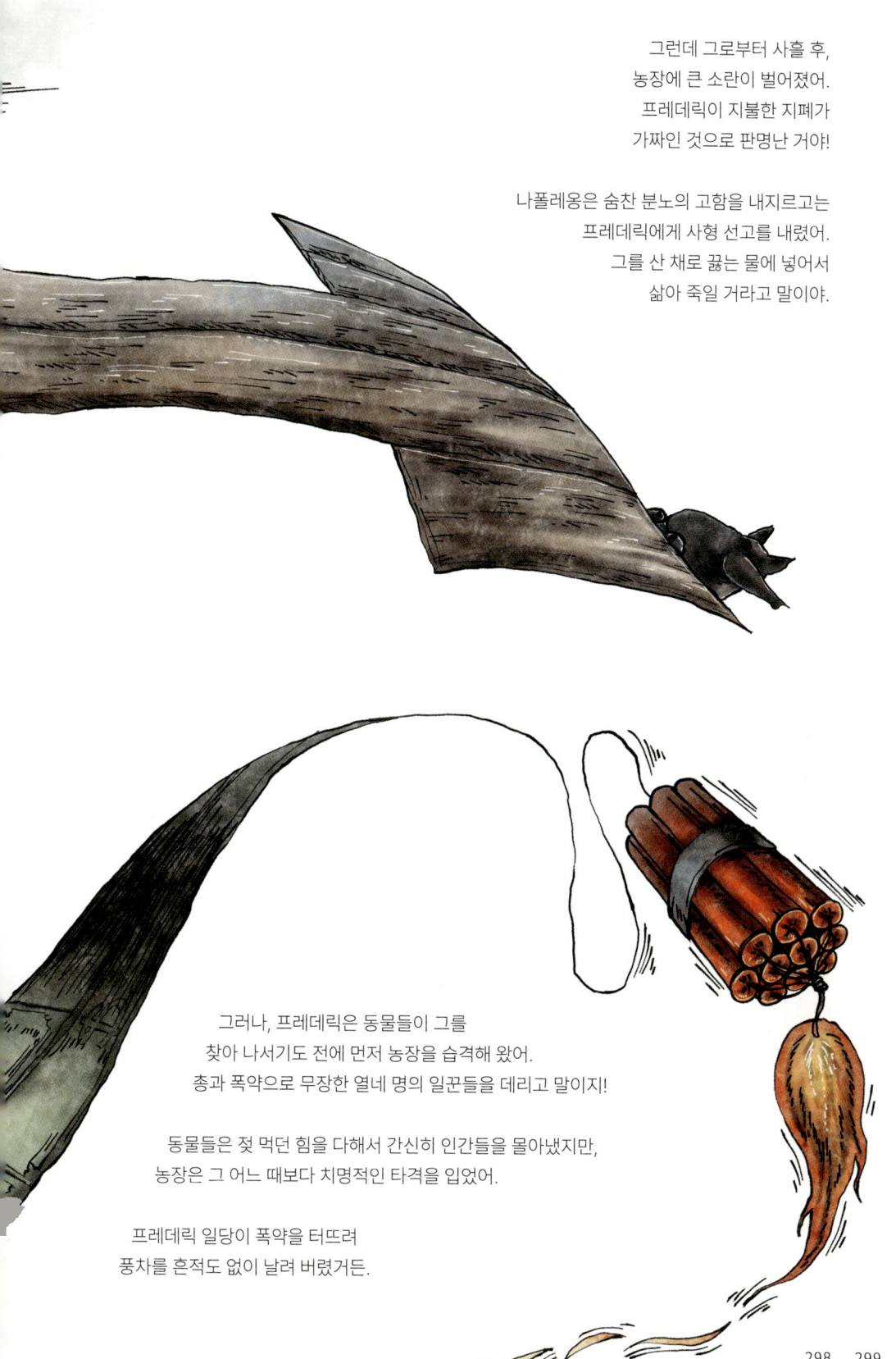

그런데 그로부터 사흘 후,
농장에 큰 소란이 벌어졌어.
프레데릭이 지불한 지폐가
가짜인 것으로 판명난 거야!

나폴레옹은 숨찬 분노의 고함을 내지르고는
프레데릭에게 사형 선고를 내렸어.
그를 산 채로 끓는 물에 넣어서
삶아 죽일 거라고 말이야.

그러나, 프레데릭은 동물들이 그를
찾아 나서기도 전에 먼저 농장을 습격해 왔어.
총과 폭약으로 무장한 열네 명의 일꾼들을 데리고 말이지!

동물들은 젖 먹던 힘을 다해서 간신히 인간들을 몰아냈지만,
농장은 그 어느 때보다 치명적인 타격을 입었어.

프레데릭 일당이 폭약을 터뜨려
풍차를 흔적도 없이 날려 버렸거든.

동물들은 슬픈 침묵에 잠겨 멍하니 서 있었어.
이번에는 풍차의 돌들이 폭약에 의해 전부 날아가 버려서
지난번처럼 풍차를 다시 세울 수도 없었거든.

그런데 그때,
농장 건물쪽에서 총소리가 축포처럼 터져 나왔고,
스퀼러가 만족한 웃음을 띠고 동물들 쪽으로 뛰어왔어.

동물들
스퀼러, 저 축포는 왜 쏘는 건가?

스퀼러
우리의 승리를 축하하기 위해서요.

동물들
승리? 무슨 승리...?

스퀼러
동무, 무슨 승리라니요?
우린 인간들을 동물농장의 신성한 땅에서
몰아내지 않았소?

동물들
하지만 그들은 우리의 풍차를 파괴했소.
2년간 피땀 흘려 세운 풍차를!

스퀼러
무슨 상관이오?
오늘 우리는 나폴레옹 동무의 영도 아래
빼앗겼던 땅을 한 치도 남김없이 되찾았소.

이 기쁜 승리를 발판으로 삼아
우린 또 다른 풍차를 세울 거요.
좋다면 풍차 여섯 개도 세울 수 있소!

그날, 나폴레옹은 축하 행사를 열고는
동물들의 승리를 치하하는 연설을 했어.

그 연설을 듣는 모든 동물들은 자기네가 정말로
큰 승리를 했다는 사실을 알 수 있었지.
그들은 싸우다 죽은 동료의 장례를 치러 준 뒤 꼬박 이틀 동안 승리를 축하하면서 보냈어.
농장의 모든 동물들은 특별 선물로 사과 한 알씩을 배급받았지.

그렇게 슬픔을 잊은 동물들은 다시 노예처럼 열심히 일하기 시작했어.
농장의 평소 업무와 풍차 재건 공사뿐 아니라
어린 돼지들을 위한 교실 공사까지 있었기 때문에 여간 바쁜 것이 아니었지.

그중 가장 열심히 일하는 것은 단연 복서였어.
나이가 들어 살이 빠지고 가죽의 윤기를 잃어 가는 복서를 모두가 걱정했지만,
'누구보다 더 열심히 일하자.'는 신조를 가진 그는 그런 걱정은 귓등으로도 듣지 않았지.

그러던 어느 여름 날. 복서는 결국 쓰러지고 말았어.
그의 눈은 흐리멍텅해졌고, 입에서는 붉은 피가 흘러나왔어.

스퀼러는 안타까운 표정을 지으면서
복서를 윌링던의 한 병원에 치료차 보내겠다고 말했지.
동물들은 인간에게 자신의 병든 동료를 보내는 것이 영 꺼림칙했지만
농장에 두는 것보다는 치료를 받는 게 훨씬 낫다고 생각해 그 결정에 동의했어.

그런데 이틀 후,
순무밭에서 떡잎을 뜯어 먹던 동물들은 깜짝 놀랐어.
평생 점잖기만 하던 벤저민이 야단을 떨며 달려왔기 때문이야!

벤저민은 동물들을 이끌고 마차가 있는 마당으로 달려갔어.
교활한 인상의 한 남자가 앉아 있는 마차의 천막에는
이런 글이 적혀 있었지.

앨프리드 시먼즈
윌링던 소재

말 도살업 및
아교 제조업.

말... 도살업이라고?!!

농장의 모든 동물들은 소리를 지르며 마차를 쫓아갔지만,
속력을 낸 마차를 따라잡을 순 없었어.
동료들의 외침을 들은 복서도 마차 문을 부수고 나오려고 발길질을 했지만,
그는 이미 너무 약해져 있었지.

며칠 후 스퀄러는 동물들을 헛간으로 모은 뒤
복서가 윌링던의 병원에서 치료를 받다가 숨졌다고 발표했어.
그리고는 의심에 찬 눈길을 이리저리 던지더니,
동물들 사이에 도는 '그 끔찍한 소문'은 완전한 오해라고 말했지.

그때 그 마차는 원래 폐마 도축업자의 소유였다가
후에 윌링던의 수의사에게 팔렸는데,
수의사가 천막에 쓰인 옛날 상호를 미처 지우지 못한 것이라고 말이야.

동물들은 스퀄러의 설명에 크게 안도했어.

나폴레옹은 회의에 직접 나타나
충직한 일꾼이었던 복서를 찬양하는 짤막한 연설을 했어.
그는 복서의 시체를 농장으로 가져올 순 없지만
정원의 월계수로 화환을 만들어 그의 무덤에 보내겠다면서,
복서가 생전에 좋아하던 두 신조를 상기시키는 것으로 연설을 끝냈지.
이제부터 이 두 가지 신조를 모든 동물들이
자신의 신조로 채택하는 것이 좋을 것이라면서 말이야.

그리고 복서의 추도 연회가 열리는 날.
윌링던의 한 식품 가게 마차가 농장에 들어와 커다란 상자를 놓고 갔어.
그날 밤 본채에서는 왁자지껄한 노랫소리와 시끄럽게 다투는 소리가 들렸고,

돼지들이 어디에선가 돈이 생겨서
위스키를 한 상자나 사서 마셨다는 소문이 나돌았지.

그렇게 여러 해가 흘렀어. 계절은 왔다가 가고,
동물들의 짧은 생애는 빠르게 사그라져 갔어.
염소 뮤리얼도 죽고, 블루벨과 제시 같은 개들도 죽었지.

대부분의 동물들은 이제 반란 이전의 옛날을 기억하지 못했어.
메이저는 물론이고 스노볼도 잊어버렸고,
복서 또한 기억 속에서 사라졌어.

그즈음, 농장은 옛날보다 훨씬 번성하고 부유해졌어.
풍차는 성공리에 완성되었고,
탈곡기나 건초 승강기 같은
신식 장비들도 생겨났지.

그러나 동물들의 삶은 조금도 나아지지 않았어.
동물들의 삶은 여전히 고단했고, 춥고 배고팠으며,
잠자는 시간을 뺀 나머지 시간에 하루 종일 일해야 했어.
돼지들을 제외하면 말이야.

동물들에게 근검한 절약 생활을 강조했던 돼지들은
저들끼리 값비싼 그릇에 맥주를 들이부어 마시곤 했어.
다른 동물들이 고통 속에서 몸부림칠 때, 부와 사치를 있는 그대로 즐겼지.
나폴레옹이 몸무게가 150킬로그램에 달하는 커다란 돼지가 되었고,
스퀼러도 눈이 파묻혀 보이지 않을 정도로 살이 쪘을 정도였으니.

농장에는 언제부턴가 새로운 규칙이 생겨났어.
'돼지를 만나면 반드시 옆으로 공손히 비켜서야 한다'는
규칙이었지.

그래도 동물들은 농장에 대한 나름의 주인 의식을 지니고 있었어.
그들은 일주일에 한 번씩 열리는 이른바 '자발적 시위'에서 노래하며 행진할 때마다
자신들이 농장의 진정한 주인이라는 사실을 실감하곤 했어.

비록 삶이 고될지라도,
그들은 자신들이 여타 동물과는 다른 존재라는 것을 알고 있었지.
그들은 인간 독재자가 아닌 그들 자신을 위해서 노동했으니까 말이야.

그러던 어느 날씨 좋은 날의 저녁...
일을 끝내고 축사로 돌아가던 동물들은
너무 놀라서 나자빠졌어.

스퀼러가 두 발로 서서
인간처럼 걷고 있었거든!

돼지들은 길게 행렬을 지어 본채 밖으로 걸어 나왔어.
모두 스퀼러처럼 직립 보행을 하면서 말이야.
그 뒤에는 회초리를 든 채 두 다리로 거만하게 선 나폴레옹이 있었어.

동물들은 이 말도 안 되는 행태에 어떻게든 항의해야겠다고 생각했지만,
그 순간 행렬 끝자락의 양들이
무슨 신호라도 받은 듯 일제히 외치기 시작했지.

그리고 얼마 후...
근처 농장들의 주인 여섯 명이 동물농장을 시찰하기 위해 찾아왔어.
돼지들은 그들을 반갑게 맞고는 본채로 데려갔지.

호기심이 동한 동물들은 그들을 몰래 따라가 본채의 창문 안을 엿보았어.
농장에서 가장 급이 높은 명사 돼지 여섯 마리가
응접실에서 인간들과 카드놀이를 하고 있었어.

필킹턴은 맥주잔을 들고 일어나 건배를 청하면서
동물농장과 우호적 감정을 이어 나갈 것을 강조했지.

나폴레옹은 매우 만족스러워하며 그와 술잔을 부딪히고는,
동물농장의 명칭을 다시 '장원 농장'으로 바꾸겠다고 공표했어.

그런데...
동물들이 그들을 들여다보는 사이에
뭔가 이상한 일이 일어나고 있는 것 같았어.
돼지들의 얼굴에 무슨 변화가 일어난 것 같은데, 뭐가 변한 걸까?
돼지들의 얼굴은 어딘가 녹아내리면서 달라지는 것처럼 보였어.

동물들은 이제 그만 헛간으로 돌아가려고 했어.
그런데 20미터도 채 안 갔을 때, 본채에서 요란한 고함 소리가 터져 나왔어.
다시 돌아가 창문 안을 들여다보니
나폴레옹과 필킹턴이 똑같이 스페이드 에이스를 내놓고는 싸우고 있었어!

고래고래 고함을 치는 돼지들의 목소리는
인간들의 목소리와 완전히 똑같이 들렸어.

그게 아니라니까?!

당치도 않은 소리!
에이스가 두 장이나 있는데!

그건 나도 모르는 일이오!

지금
나를 속이는 거요?

그래, 맞아.
돼지들의 얼굴에 무슨 변화가 일어났는지,
동물들은 그제야 알 수 있었어.

그들은 이제 완전한 인간이 되어 버린 거야.

그중 누가 돼지고
누가 인간인지,
어느 것이 어느 것인지
이미 분간할 수 없었어.

《동물농장》은 계급화된 인간 사회에서 벌어지는 인간의 이기심과 부조리를 그려낸 우화이다. 이 작품에서 설정된 공간이나 인물, 사람들은 단순한 장소와 캐릭터가 아니라 각각의 의미를 내포하고 있는 은유적 상징이다. 즉 풍자적 표현을 통해 장면과 내용을 강렬하게 전달하고 있음을 알 수 있다.

동물주의
공산주의

메이저 영감
칼 마르크스, 레닌
사회주의, 공산주의 사상가

농장주 존스
러시아 황제 니콜라이 2세
러시아의 마지막 황제

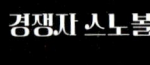

경쟁자 스노볼
트로츠키
스탈린 추종자에 의해 멕시코에서 암살된 경쟁자

독재자 나폴레옹
스탈린
세계 최초로 사회주의 국가인 소비에트 연방국가 창설

스킬러
스탈린의 여론조작기관
(몰로토프 또는 프라우다紙)

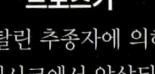

동물농장 풍자 포인트

복서

노동계급

공산정권을 비판할 줄 모르고
일만 하는 우매한 노동계급

존스 씨를 농장에서 몰아낸 사건	………	1917년 러시아 혁명
개들	………	소련 비밀경찰
돼지들	………	볼셰비키(러시아 공산당)
야생 동물들	………	무지한 농민들
인간	………	노동자를 착취하는 자본가
동물들	………	공산주의, 사회주의자

뮤리얼 — 지식인층

벤저민 — 소련 거주 유태인, 조지 오웰

클로버 — 중산층

장원 농장	………	혁명 이전의 제정 러시아
동물 농장	………	혁명으로 수립된 소비에트 연방
농장 본체	………	크렘린궁(소비에트 정부 본거지)
핀치필드 (이웃 농장)	………	나치 독일
폭스포드 (이웃 농장)	………	영국, 미국

《동물농장》의 주된 배경은 1917년 러시아 혁명 이후의 소련이다. 황제의 폭정과 1차 세계대전의 참전으로 고난을 겪던 러시아인들은 극심한 생활고를 견디다 못해 '2월 혁명'을 일으킨다. 이로 인해 황제가 퇴위하고 임시정부가 수립되지만 어려움은 해결되지 않는다. 미숙한 임시정부로 인해 아이에게 먹일 우유와 빵조차 모자란 상황이 계속되며 사람들의 불만이 극에 달한 것이다. 결국 그해 11월 다시금 혁명이 일어났고, 이때 레닌의 주도로 사회주의 정부가 탄생하게 된다. 문제는 이때부터다. 레닌의 사망 후 스탈린이 권력을 잡으면서 수많은 폭정이 일어나게 된 것이다.

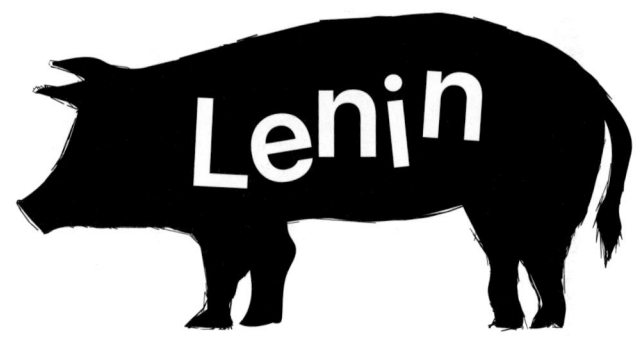

스탈린은 독재 체제를 공고히 하기 위해 자신의 통치에 반대하는 사람들을 모두 숙청했다. 그 과정에서 130만 명이 체포되었고, 68만 명이 처형을 당했다. 시베리아 정치범 수용소인 굴라크에 다녀간 사람만 해도 무려 1,400만 명에 육박했다. 자유와 평등을 위해 싸웠던 혁명가가 한순간에 자유와 평등을 압제하는 독재자가 된 것이다.

#정치 풍자와 해학의 결정체

　이 모습을 지켜보던 조지 오웰은 본격적으로 《동물농장》을 집필하기 시작한다. 초기에는 소련과 스탈린에 대한 신랄한 풍자로 가득 차 있었으나 아내인 아일린의 조언으로 보다 해학적으로 바뀌었다. 하지만 노골적인 면 때문에 곧바로 출판하지는 못했고, 결국 전쟁이 끝난 직후인 1945년 8월 17일이 되어서야 세상 밖으로 나올 수 있었다. 《동물농장》은 파시즘[1]에 반대하는 내용이었음에도 불구하고 반공주의[2]로 읽혀 미국에 의해 광범위하게 출판되었으며, 그 덕분에 큰 성공을 거두게 된다.

---

(1) 이탈리아에서 생겨난 사상으로 민족주의, 전체주의, 권위주의, 국수주의적인 정치 이념이다.
(2) 공산주의의 이데올로기 및 그 이데올로기가 따르는 것에 반대하는 것을 말한다.

《동물농장》은 독재로 인해 변질된 러시아 혁명이 끝내 부패하게 될 것임을 적나라하게 비꼬는 소설이다. 아직 냉전이 시작되기 이전 시기였음에도 불구하고, 오웰은 인간의 이기심과 권력의 부패성이 스탈린주의를 실패하게 만들 것임을 통찰한 것이다.

오웰은 죽는 순간까지도 사회주의자였다. 평생을 사회주의자로 살아온 그가 사회주의를 조롱하는 소설을 집필한 것은 사회주의를 바로잡고 싶어 했기 때문이다.

오웰은 참된 사회주의 운동을 재건하기 위해서는 기존의 '소비에트 신화'를 파괴해야 한다고 생각했다. 그래서 사람들의 눈과 귀를 집중시키기 위해 우화 형식의 소설이라는 수단을 택했다.

왜 우화인가?

　왜 하필이면 우화였을까? 첫째, 심미적 거리를 충분히 확보할 수 있다. 우화를 사용하게 되면 표현이 간접적으로 변화할 뿐만 아니라 독자와 작가 모두 객관성을 유지할 수 있게 된다.

　둘째, 간결하고 정확하게 이야기를 전달할 수 있다. 관념적이고 난해한 철학적 문구와는 달리 대중에게 친근하게 다가설 수 있으며, 이러한 성격을 고려한다면 우화는 메시지를 전달하는 데 효과적이다. 평소 자연을 매우 아끼고 사랑했던 조지 오웰은 동물들의 특성을 잘 알고 있었다. 그 덕분에 《동물농장》은 현실을 적절히 비유하면서도, 우화 그 자체로서의 소설적 재미 또한 놓치지 않게 된 것이다.